文學叢刊之四

雲影

曾幼川著

文史哲出版社印行

文學叢刊④

雲影

著者：曾幼川
出版者：文史哲出版社
登記證字號：行政院新聞局局版臺業字〇七五五號
發行所：文史哲出版社
印刷者：文史哲出版社
臺北市羅斯福路一段七十二巷四號
郵撥〇五一二八八一二號彭正雄帳戶
電話：三五一一〇二八
定價新台幣三二〇元
中華民國七十四年十月初版

序

有種種形態的雲，於是有種種形態的雲影。有端凝不動的雲，才有沈靜不移的雲影；有迅捷飄浮的雲，才有輕靈翔動的雲影。同樣，有種種不同的人心，於是寫出種種不同的文章。

雲影是雲的投影。萬里長空，沒有一片雲，哪裏會看得見雲影？文章是人心的投影。人心死了，哪裏還寫得出文章？

雲是一樣的雲，投影在平地上，在山坡上，在海面上，會有不同的表現。同樣的人心，投射在詩歌上，在散文上，在小說上，會有不同的風格。

雲影比白雲更接近人間，因爲他在地面上流動，你甚至可以投身在他懷裏。雲影實實在在的存在，你看得見，但是觸摸不到，因爲他沒有實質。雲影與人的距離，似近還遠，似遠又近；他彷彿是人間的，又彷彿不是人間的。靈感也是一樣，他有時是那麼接近，你彷彿聽得見他的呼吸，有時却又遙遠得像在崑崙山絕頂，幾乎連消息都聽不到。

你走路的時候，眺望的時候，郊遊的時候，雲影隨時會在你眼前溜過；有時你著急去找尋，却無從尋覓。但你終日躲在屋裏，也很難與雲影相遇。同樣，你走路的時候，眺望的時候，翻書的時候，靈感會究然湧現；你若靜靜的坐著，等待靈感，他却會半天不肯光臨。

雲影不曉得從何處來，但是總有個來處。由於氣溫變化，水氣凝聚而成雲；雲的來處，也就是雲影的來處。靈感何嘗不然？人的學養和生活經驗，就是靈感的來處。水並非在任何環境都能變雲，學養和生活經驗也並非在任何時刻都能產生靈感。

這集子裏收的文章，都是從一九七五年五月到一九七七年五月在快報副刊「南腔北調」欄（與司馬長風輪流寫）發表過的。可以說，這本書是那兩年來我的心的投影。

我愛雲影，從小就喜歡看雲影：看原野上的雲影，看山坡上的雲影，也看海上的雲影。因此，我把這本書命名爲「雲影」。

一九八四年十月 九龍

雲影目錄

第二輯

第三輯

第一輯

養鳥

報載：臺灣有一個倒霉雅賊，盜走了人家掛在店子前面的鸚鵡，賣到雀鳥店去，回頭收錢的時候，給鸚鵡主人捉住，扭將官裏去；原來主人剛巧路經雀鳥店，聽到一把熟悉的聲音呼喚自己的名字，認出是自己心愛的鸚鵡。

這個賊，我說他倒霉，因爲鸚鵡主人若不是恰巧路過，不會聽到鸚鵡的呼喚；鸚鵡若未能言，也不會引起主人的注意；雀鳥店主人假如有足够的現金支付，他也不用回頭收取，因而束手被擒。可是機緣巧合，他便不得不嚐鐵窗滋味了。

我說他是個雅賊，因爲雀鳥是雅人逸士的玩物，盜雀鳥的人，自然得與偸書賊一例看待，列入雅賊之林了。

香港也有許多人士喜歡養鳥，有的喜歡養能言的鳥，有的喜歡養會唱的鳥。一般來說，還是養會唱的鳥居多。其實，閒來養個鳥兒玩玩，也是滿有意思的。雖然服侍牠飮食洗澡，爲牠清理糞便，麻煩是免不了的，但淸晨起來，聽牠歌喉婉轉，唱個小調，也覺値得；放學或放工歸來，看牠展翅跳躍，一天的疲累，也會稍減；寂寞的人，有鳥兒相伴，更可以增加生活的樂趣。

記得小時候十分喜愛鳥兒，有時小痲雀飛入屋裏，立刻關閉門窗，把牠捉來玩耍。有一次飛來了一個鷯哥，可能是從人家屋裏逃出來的，我們一見眞是高興得了不得，立刻戰戰兢兢的，輕輕把門窗掩上，費了一番工夫，終於捉住，於是買了個鳥籠養起來。養了不到一個月，却給貓兒弄死了。心裏又傷又痛，又悔又恨。悔的是不曾好好照顧鳥兒，恨的是貓兒可惡，結果把貓兒追打了一頓，才略消心頭之氣。

過了不久，有位親戚又送來了一個鷯哥。這回特別小心，把鳥兒高高的掛在廳中心，貓兒無可奈何。上學之前，回家以後，一直伴住鳥兒，逗牠唱歌，看牠跳躍。一天夜裏颳大北風，淸晨起來看看鳥兒，早已僵卧籠底，雖然鳥籠有布袋罩住，也不管用！我呆呆的站在籠邊，過了好一會子，才把鳥兒葬了，把籠丟了，從此不再養鳥兒。

莊子書裏有個魯侯養鳥的故事：一隻海鳥飛來魯國，魯侯把牠「請」到廟堂裏，叫人演奏「九韶」的樂章供牠欣賞，準備了「太牢」的筵席請牠飲宴，但是海鳥呆呆的望着前面在發愁，一塊肉也不敢吃，一杯酒也不敢飲，過了三天，竟然死了。

鳥是應該養在山林湖海之間，天空海濶，任牠翶翔的。

一九七五、五、廿七

半江殘照裏

偶因有事上中環，回程時在渡海輪上，看見紅日滿江，尚有鳥兒三兩，翱翔空際，不禁想起學生時代有「半江殘照裏，雙燕掠波飛」的詩句——當時自以爲佳句，因此印象比較深刻。

大學生時代，並未遷來九龍，仍然住在西營盤，每逢週末或假日，因爲晚飯吃得早，往往在飯後出來，閒步江邊看夕陽，或走到皇后碼頭，觀人垂釣。日間遇到的難題，往往留待江邊思索；偶然學詩人胡謅幾句，也往往是在江邊得的靈感。

朝陽、夕陽都是可愛的。朝陽給人希望和清新的感覺，夕陽却比朝陽更覺美豔，而且更易引起人的感觸。朝陽使人想到前程，想到未來；夕陽却容易使人想到過去，感慨人生。未來是不可捉摸的，故此不容易描寫；過去是比較實在的，容易把捉，也較爲容易形諸筆墨。何況，光陰飛逝，人生短促，是千古以來人類感到最無可奈何的，中外詩人所感慨最深的。「朝爲媚少年，夕暮成醜老」，是任何有思想、有情感、意欲有所作爲的人都會偶然流露出來的感觸，而光采燦爛，變幻莫測，但是轉瞬卽逝的夕陽，往往是引起這種感觸的媒介。「

眼前紅日又西斜，疾似下坡車」的詩句（這是元代的「新詩」），充份顯示出詩人對光陰飛逝的無可奈何。

人生難免有寂寞的時候。儘管每天看見千千百百的人，但是與你無關；儘管每日接觸一百數十人，但是心靈無法交通；儘管家裏人多，嘈嘈鬧鬧，但無一人可與傾訴。這時候，寂寞便會悠然而生，有時像一條游絲，絞纏着你的心，使你不得舒暢；有時像一條蟲，咬噛着你的心，使你難過不堪。寂寞只是輕微的時候，看看書報，聽聽音樂，或看場電影，就可以打發過去。寂寞深時，就不容易打發，你會想到尋求一種解除寂寞的方法，或是一個可以傾談的人，但是方法不容易得，人更難求，奈何？

當你獨立江畔，面對半江殘照，彩色繽紛，目送雙燕掠波，來而復去，你會覺得眼前的光景實在太美，掠波的雙燕實在太幸福，美景的轉瞬即逝實在太可惜。於是人生的感慨，寂寞的情懷，便會乘時而興；對於想作詩的人，便昇華而成詩句。但是，這種詩句總帶點感傷惆悵的味兒，雖然只是淡淡的感傷，微微的惆悵，到底是無益的。如果能再進一步，將感傷化爲樂觀，惆悵變成振作，那就更理想了。「但得夕陽無限好，何須惆悵近黃昏」的詩句，不是比「夕陽無限好，只是近黃昏」更勝一籌嗎？

一九七五、六、四

鬪蟋蟀

偶然走過一條橫街，看見街上放着一張張的桌子，桌上擺着一盆盆的蟋蟀，桌旁圍着一堆堆的人——想不到鬥蟀蟋這玩意兒竟又流行起來，而且變成一種半公開的賭博！

十歲以前也喜歡過鬥蟋蟀，家裏養了幾個蟋蟀，用竹筒盛載着，各有一個名字，甚麼「紅孩兒」啦、「哪吒」啦、「齊天大聖」啦……反正都是那個年紀想得出的小說裏厲害人物的名字，而這些名字都是在學校裏聽故事聽來的。那時候差不多每一個孩子都養了這麼幾個蟋蟀，每隔一兩天便有一次會鬥，鬥場便是一個小小的瓦盆，每一場只放下兩個蟋蟀，讓牠們鬥個你死我活。大家輪流放出自己的「兵將」，先把牠放在右掌心上，再用左手在右手腕脈間拍打，把牠彈起，彈了幾回，再合掌把牠上下搖動，總之是極盡「虐待」之能事，務使牠怒氣勃發，火冒三丈，然後放下鬥場，兩個蟋蟀經過這樣的特別處理，在小小的瓦盆裏一碰頭便會相鬪起來。如果還不相鬪，或是在瓦盆裏各據一邊，並不碰頭，那麼我們還有一件法寶，就是用老鼠鬚特製的帚子。用這個帚子把牠們挑撥撩動，帶引牠們碰頭，激發牠們的怒氣，務使相鬥爲止。有時鬥了一會便散開，這算是一個回合，雙方又來作激怒挑撥的工夫，開始第二個回合，直到其中一個蟋蟀繞盆鼠竄，不敢迎戰爲止，於是輪到另一對下場。這樣的玩意十分殘忍，但是小孩子那裏懂得！那是一時的風氣，人家都玩這個，自己也便玩起來了。看着盆裏的蟋蟀各據一方，撐起後腿，磨牙振翼，唧唧怒叫，盤旋走位，尋暇抵隙，最後一鼓作氣，奮勇出擊，眞是緊張刺激，兼而有之。勝了的一方，高呼大叫，手舞足蹈；敗了的一方，垂頭喪氣，默默的收回他的敗兵之將，脾氣不好的，甚至順手一扔，免得牠再丟人現眼。

蟋蟀是哪裏來的呢？都是自己捉來的。那時還在故鄉唸小學，放學後便約了同伴，跑到荒野裏，或在斷壁頹垣之處，尋覓蟋蟀：彎着腰，拱着背，放輕脚步，在荒草裏，在石縫間，細細尋覓；有時停下脚步，微微的弓著腰，側着頭，傾耳靜聽蟋蟀的鳴聲，細辨聲音的來處，然後循聲尋覓；撥開長草，翻轉石塊，一旦發現蟋蟀的踪迹，立刻追撲捕捉。蟋蟀之中最猛惡的據說是棺材蟀，出現在棺材附近。有一夜跟了個大孩子去找棺材蟀，荒塚之間，怪聲暴作，幾乎嚇破了膽，此後捉蟋蟀的興趣大減。不久，鬥蟋蟀的風氣也消散了。而今想起那種玩意，還是心有餘愧，幸而那時還不至拿來下賭注！

一九七五、六、廿五

爭強鬪勝

青少年多喜歡爭強鬥勝，沒教養的表現於街頭動武，愛運動的表現於運動場上，好讀書的表現於學業成績裏。

街頭動武，好勇鬥狠，須付出什麼代價，大家心裏都很明白，不必多說了。在籃球場上，爲了爭勝，出動肘鍾；在足球場上，怕要失敗，勾脚抱腰；考試時，要攫取好分數，竟然作弊。這些都屬於左道旁門，也不必多說了。

我們要說的是循正當途徑要表現比人强的，無論是運動還是讀書。譬如要做一個最好的籃球射手，你要練習射籃千萬遍，花上千百個小時，揮掉不少的汗水；要做一個最好的足球門將，也要經常在綠茵場上，練習撲救各種不同角度的射球，手脚可能留下不少的疤痕；要做一個最好的乒乓球手，也要日夜與小小的銀球爲伍，打壞好幾塊球拍，穿破好幾雙膠鞋。同樣，要在學年考試上爭取第一名，也要日夜苦讀，演算習題，做各項實驗，記英文單字，研究英文文法等等。無論是哪一項，要達到成功的目的，都要能克苦耐勞，要有毅力。而且，大多數情況是，雖然耗了不少歲月，揮掉不少汗水，吃了不少苦頭，仍然不能達到目的，那只好承認天資所限，再不然只好認命。這時候心情的淒苦，可想而知了！

雖然要做最好的籃球射手，最好的足球門將，最好的乒乓球手，或要考取等一名，不一定是由於爭强鬥勝，但不能否認有時是由於爭强鬥勝之心所激發的吧？單以後者來說，又單以考取第一名的例子來說，一年中所付出的辛勞，是不消說了，所錯過的歡樂，所忍受的寂寞，以及心情的患得患失，都是所要付出的代價。一旦達到目的，名列前茅，當然是身心舒暢，喜形於色，長久的犧牲得到補償。

上面所擧爭强鬪勝的例子，目標是比較高遠的，也是比較值得的，而且經過長期的奮鬪，無論成功與否，你總會有些收穫。至於一時的要强好勝，多數是無意義的。例如筆者在中學畢業那年，也曾與人在游泳上爭强鬪勝：不是比速度，是比長力，不是單人賽，是兩人接力賽。對手是某書店兩位店員，筆者與一位同學經常去買書認識的。地點是個泳棚，另有一位同學和他的哥哥作公證，因爲當天懸了三號風球，故此沒有別的泳客。泳棚的濶度是廿五公尺。對手第一位下水的只泳了五個來回便上岸，第二位却長力悠悠，彷彿無窮無盡。我的同學先下水，游了三十個來回，然後由我接替。我因爲不肯輸，非看到他停下來我不肯罷休。直到八十個來回他才上岸，我們比他們多了一個來回，算是勝了。雙方又冷又累，他比我更苦，臉都微微發黑了。而今想來，眞是毫無意義的爭强鬪勝！

藉旁門左道的方法，以期達到爭勝的目的，當然是不足取的；出於一時的要强好勝，像筆者在三號風球高懸之際，跟人家比賽游泳的長力，也是毫無意義的。爲了在考試中名列前茅，甘心付出積年累月的辛勞，錯過許多青少年應享的歡樂，忍受青少年不該有的寂寞，抵受心情患得患失的煎熬，結果得償所願，一切的犧牲也算是得到了補償。相信很多人會同意，這種爭勝是有意義的，是值得的吧？還有，爲了保持第一名的寶座，下一年以至再下一年，仍須付出積年累月的辛勞，犧牲一些青少年應得的歡樂，忍受燈下苦讀的寂寞，抵受更重的心情患得患失的壓力，相信也有很多人會認爲是有意義的，是值得的吧？

筆者却有不同的想法——這樣的爭勝是有意義的，但不一定是值得的。試以一個中學生爲例。假定他年年名列前茅，捧了「成績優異」的銀盃回家。領奬的時候，他會接觸到許多欽羨的眼光，讚美的眼光；領奬回家之後，會得到家長的奬勵，朋友的誇讚。但是，人們只看到成果，看不到獲得這成果所付出的代價，每天放學回家，要好好的溫習，好好的做功課，學校的課外活動不敢多參加，同學間的遊樂不敢多參加，校外的學術組織或文娛活動更不敢參加，因爲抽不出時間，唯恐浪費了溫習的時間，保持不住「第一名」的寶座。有實力的對手偶然一個分數比自己高，心裏便有些不是味兒，惟恐今年會失却寶座。來了一個插班生，便會留意捉摸他的實力，看看是不是能勝過自己。這種沉重的心理壓力是很不好受的。何況，考第一名的學生課本以外的知識未必比他的同學豐富，將來在社會做事也不一定比他的同學吃得開。因此筆者覺得，如果太勉強，不必一定要居人之上，因爲付出的代價太大，那是不值得的。

大學畢業，很多人會想到出洋深造，有能力的自然不成問題，但有些人只因爲在外國拿個學位回來會勝過他人，故不惜艱難困苦也要遠渡重洋，結果由於功課的壓力、經濟的壓力、感情的壓力以至精神崩潰或瀕於崩潰。付出這樣的代價以求勝過他人，我想是划不來的。

合理的爭勝是好的，因爲有爭勝之心，我們才有進步，但在決定爭勝之前，最好先弄清楚是否有意義的，還要估計一下，是不是值得的，客觀的環境和所要付出的代價，都在估計之列。

一九七五、六、廿八

衣帶漸寬終不悔

我和書籍結緣已經二十餘年了，二十餘年來買了不少書，也讀了不少書。

最初引起我讀書興趣的，是初中的國文老師；除了講解課文以外，他常常說些五四作家的故事，並且介紹一些他們的作品，鼓勵我們去閱讀。漸漸的我讀了些巴金、冰心、朱自清、葉紹鈞、徐志摩、曹禺、茅盾、老舍等人的作品。十五歲的時候，讀郭沫若的作品特別多，不論新詩、散文、歷史小說、歷史劇，借得到或買得到的都讀。第二年轉向郁達夫，無論小說散文，一本不漏。記得對郁達夫的認識，是一家書店的店員介紹的，老師好像沒有提過。讀完郁達夫後，便專讀魯迅，不論小說雜文，一律照單全收。有讀不懂的，便生吞活剝。除了五四時代的作品外，還讀了些古典小說以及翻譯小說，前者如水滸，三國、西遊記之類，後者多半是英美和俄國的小說，如雙城記、魯賓孫、飄、虎魄、復活、戰爭與和平、罪與罰、鐵流等。此外，還讀了些古典詩詞以及其他雜書，總之，課餘的時間，大半埋首書卷之中。因爲缺乏系統的指導（老師只是說說故事，偶然介紹一兩本書），所以讀來雜亂無章。一個中學生竟然想讀莊子，未免不自量力！不過，讀不懂我就放下，等以後有機會再讀。記得中二的時候，有一次在圖書館找到鄭振鐸的痀瘻集，想借出來閱讀，管理員說我看不懂，勸我另找一本。我聽從了勸告，但心裏念念不忘，幾年後想再借來閱讀，書已無處可尋！至於紅樓夢以及徐訏的小說，則是在中學畢業那年讀的。大學時代，則多半讀學術書籍以及英文小說，讀書也比較有系統些。

初時讀書是從圖書館裏借來的，後來便自己買書，終至於買書成癖，每逢週末或假日，便去「行」書店或舊書攤，遇有喜歡的書，非要弄到手不可，有時身上帶的錢不够，便向同行的同學借，或立即回家裏拿。不過，我買書向來是用自己的零用錢，省下來的早餐錢，儲蓄起來的利是錢，或暑期工作所賺的錢，很少向家長討。只有一套書是要求父親買的，那是方豪的中西交通史。

就是這樣，學生時代只顧讀書，儲錢買書，向圖書館借書。我不愛吃零食，有時連早餐也不吃，讀到趣味正濃時，連飯也懶得吃，可以說「衣帶漸寬終不悔，爲伊消得人憔悴。」我曾一連三天讀巴金的家、春、秋，剛好每天讀完一部，也曾一星期內一口氣讀完紅樓夢，讀得茶飯不思。這樣囫圇吞棗的閱讀，却也不是經常性的，方豪的中西交通史、王力的漢語詩律學、朱光潛的西方美學史，每一部都讀了一年的時間，而且還做筆記呢。

一九七五、七、五

書蠹

張岱「自爲墓誌銘」說：「少爲紈袴子弟，極愛繁華，好精舍，好美婢，好孌童，好鮮衣，好美食，好駿馬，好華燈，好煙火，好梨園，好鼓吹，好古董，好花鳥，兼以茶淫橘虐，書蠹詩魔。」我不是紈袴子弟，也沒有他這樣廣泛的興趣，但「書蠹」之稱，似乎可以和他分享。學生時代，母親有時叫我做「蛀書蟲」，祖父叫我做「書錐」。大學生時代，有幾位同學叫我做「線裝書」。前年旅居巴黎，每日到國家圖書館閱讀所藏敦煌卷子，有時便與爲科學院工作、每天也到圖書館去的吳先生一起去「行書店」。我愛書，他也愛書；我不吝嗇買書，他更不吝嗇買書。有一次，他戲稱我們都是「書癡」，他是大癡，我是小癡，因爲他年紀比我大，書買得比我多。其實，他書買得比我多是因爲他錢比我多，而且只以我在巴黎期間兩人所買的數量相比，若以我歷年所買的書來相比，相信不會比他少。

有些人只買書，不讀書，買書是爲了裝點門面，附庸風雅，但這樣的人到底是極少數。我當然不是這極少數的一份子。我差不多每天都讀書，更正確點說，從來沒有連續三天不讀書的，只有旅遊瑞士、希臘、意大利、南斯拉夫的一個月例外，那時爲了一舒九個月來閱讀敦煌卷子的疲累，爲了盡情遊覽，故此暫時拋下書本，不作書蠹。

從初中開始，我便沉迷於讀書——我是指讀文學書籍，並非學校的課本，但是我並沒有放棄功課不理，每年捧回家的刻着「成績優異」的銀盃可以作證。每次考試之前，總得要溫習功課，銀盃既不能放棄，只得暫時擱下課外書，但這短短一兩星期的擱下，心裏也覺得非常難受，如煎如熬，有時抵受不住，便又撇下課本，讀起課外書來。有一次自我抑制，無論如何要把課外書拋開，等考完試再繼續，抑制是抑制住了，却覺得滿肚子淒酸。對於讀書的沉迷，由此可見一斑。「衣帶漸寬終不悔，爲伊消得人憔悴」，這詩句拿來形容我對讀書的沉迷，可稱恰當。

有些人借書，步劉備借荊州的後塵，並不打算歸還；而且，借別的東西不還，會覺得不好意思，借書不還却心安理得，並不覺得不好意思。因此有人宣言：「老婆不借書不借。」「書蠹」雖未作此宣言，貴重的書、難得的書、心愛的書，還是不肯輕易借出的，因爲以前借出過幾本，一直收不回來。

一九七五、七、七

塞納河邊

從巴黎回來以後，令我懷想不已的，首先是塞納河邊。

塞納河從東南入境，又從西南出去，中間一段穿過市中心。這一段的塞納河兩岸，便是我經常流連的地方。

塞納河並不十分寬廣，河水也不大澄潔；既無垂柳拂水的風姿，也無小舟欵乃的雅趣；沒有大河的氣魄，也沒有小溪的嫵媚；本來是不該有很大吸引力的。但我是南方人，南方人「樂水」，沒有水的地方，總覺得彷彿欠缺點什麼。故此，我的行踪，便常常出現在塞納河邊。

河的兩岸，築起高高的石堤，你不走近堤畔，便看不清堤上的景致，不沿着石級走到堤下，便不能親近河水。我喜歡在清涼如水的夏夜（巴黎很少炎熱的夏夜），走到石堤下坐着冥思。爲了在人生旅程上作一個鄭重的決定，我曾在聖母院旁的堤下冥想了一夜，解除了一星期躊躕難決的痛苦，却付出了一次傷風的代價。

市中心的塞納河沿岸，屹立着一間一間的鐵皮小屋。這些不是住人的小屋，裏面一格一格的都是書，有舊的，也有新的，一般以文藝書刊爲多。這便是聞名已久的塞納河邊的舊書檔。其中幾個攤檔，不賣書而賣畫，間中也有陳列色情書畫的。檔主人站在旁邊，或者坐在小櫈子上。來翻尋書籍或揀選圖畫的，有本地人，也有外國學生和遊客。假日圖書館不開放的時候，這一帶的書攤大可以消磨半晝。我在這裏買了好些書，其中幾本「最美的愛情小說」叢書，裝潢美觀可愛，價錢却相當廉宜，就是福樓拜的「波華荔夫人」，林琴南譯作「離恨天」的「保羅與維珍妮」，以及染滿「茶花女」的情淚的「曼儂・勒斯戈」（林譯作「漫郎攝實戈」）等。有一次發現了「肉蒲團」的法文譯本，譯者據說是巴黎大學的一位教授，由於價錢貴，沒有買成。對於遊客來說，塞納河沿岸，有兩個極大的目標：聖母院在「城洲」東端，艾菲爾塔在城的西面。前者當另文記述，後者便是中國人慣稱「鐵塔」的巴黎標誌。

鐵塔是巴黎最高的建築，矗立在河的東岸。塔下一片曠地，在風和日麗的日子，遊人擠得水洩不通。國慶日的晚上（七月十四日，巴黎華僑語帶雙關戲稱之爲「鬼節」），在鐵塔對面大放煙花，這曠地上以及沿河兩岸，自黃昏以後便擠滿了來趁熱鬧的人。煙花未放之前，一班青年在空地上表演歌舞，聊以贈慶。圍觀的人也有忍不住技癢而加入的，並不理會識與不識。異鄉作客的遊子，適逢這次盛會，耳目當不會寂寞了。

一九七五、六、一

巴黎聖母院

塞納河流經巴黎市中心，冲積成一個小洲，叫做「城洲」。「城洲」的一角上，矗立着聞名世界的「巴黎聖母院」。

抵達巴黎的第二天，就一個人跑出來河邊蹓躂，偶然發現了這座十二世紀的建築，那形狀彷彿在夢裏見過似的。猛然想起：難道是聞名已久的巴黎聖母院？

走近正門，仰視門樓上數不清的雕像，怔怔的出神。心想：這座建築，不知花了多少藝術家多少年心血？……難道就是聖母院？

隨着遊人進入拱門，便見神堂，上面高高的圓頂，兩旁高高的玻璃窗，玻璃上栩栩如生的人物彩繪，吸引着三三兩兩的遊人輕輕走過去欣賞，也有指手畫脚在講解的，也有舉起相機在拍照的。堂中央跪着一列列的善男信女，左角上燃燒着一支支遊人點燃許願的蠟燭。近門處有幾個耳機，看那旁邊說明的文字，果然這便是巴黎聖母院；遊客只要放入角子，便可以聽聽聖母院的歷史，說法語的，英語的，西班牙語的，都有。這便是第一次參觀巴黎聖母院的印象，印象中的微瑕是：出來時見兩度門的旁邊都有修女在向遊客伸手抄化。其實，門邊掛一個箱子不是更爲得體嗎？

我常常在「城洲」一帶的塞納河邊流連，却不常進入聖母院內。我喜歡隔着河看她的側面，特別是在夕陽西下時，斜躺在路邊咖啡座的藤椅裏，注目她在光彩變幻中的側影；然後走到河邊，俯瞰她在微波盪漾中的倒影，但見她在河畔的綠樹映襯之下，另有一番嬝娜的風姿。晨光熹微之際，倚着橋欄遙望她的塔尖；月色溶溶之下，坐在堤上欣賞她的嫵媚；或在細雨濛濛的日子，躲在咖啡店的玻璃牆後，捕捉她在雨中的迷濛，雨後的明淨。這些都是巴黎生活中的一種享受。

巴黎以東一百多里，有一個美麗的小城，叫做「蘭斯」(REIMS)。城中心也有一間聖母院，是八百年前的建築。內部不及巴黎的聖母院漂亮，外表却古趣盎然，因爲從來未粉飾過。好古的對她讚不絕口，但是我總覺得不及巴黎的聖母院美，因爲她並非建在河邊。巴黎聖母院沒有塞納河的襯托，也是要大爲失色的。

巴黎還有一個著名的教堂，就是城北的聖心教堂，又叫做白教堂，白色的外牆，幾個白色的圓頂，矗立在蒙馬特山上。有人覺得她外觀更美，但是我覺得她沒有河的襯托，總沒有聖母院的那份嫵媚。

巴黎名勝多的是，最令我眷念難忘的，是塞納河邊的聖母院。

一九七五、六、二

巴黎的路邊咖啡座

初到巴黎的時候，少不免到處走走，走了幾天，便發覺和香港相比，巴黎有三多，特別是拉丁區，更爲顯著。所謂三多，是指多咖啡店、書店和電影院。

法國人喜歡喝咖啡，更喜歡飲酒。咖啡店裏有許多是附設酒吧的。他們早上去喝，午飯後去喝，小休時去喝，放工後去喝，晚上也有時去喝；喝的不是咖啡便是酒。更有些人差不多整天泡在咖啡店裏，悠悠望着街上的行人，眞不知哪裏來的許多閒暇！咖啡店在巴黎，差不多每一條街道，每一個轉角都可以看到，每天上啡咖店的人數，也就可想而知了。

我到巴黎的時候，已經是初冬了。巴黎的冬季，天色老是暗沉沉的，難得見到陽光，有時還下幾陣毛毛雪。天色也頗不穩定，彷彿少女的心境，這一刹那才露點陽光，下一刹那又細雪濛濛了，路上看見的行人，都把大衣領翻起，擋着刮面的寒風，兩手插在衣袋裏，匆匆的走路。在這樣的天氣底下，上咖啡店的人，自然得躲在屋子裏，喜歡東眺西望的，也只得透過玻璃望向街外。

到了春季，雖然仍有下雪的時候，暖和的日子却逐漸多起來了，咖啡店也漸漸把桌椅搬到行人道上，成爲路邊咖啡座了。到了夏天，顧客大都坐到店子外的咖啡座上去，很少留在室內的了，原因之一，可能是空氣調節並不普遍吧？其實，咖啡店和咖啡座，是二而一的，因此，還是法文够籠統，都叫做CAFE，音譯便是「咖啡」了。

巴黎的行人道十分寬濶，特別是香榭大道，兩邊行人道合起來，可與彌敦道相比。因此咖啡座雖然設在路邊，却沒有阻碍交通之感。初次光顧會有點不習慣，因爲行人可能從你身邊或脚前走過，慢慢就會習慣了。

路邊咖啡座上的顧客，專爲喝咖啡或飲酒而來的，反而不多，多的是閒得莫名其妙或別具醉翁之意的客人，前者是來享受悠閒（在巴黎不該說消磨時間）或來找人聊天以解寂寞的，後者是來結識朋友或來逗人談話以學習法文的。此外，等朋友和看書的也有一些。

來咖啡座逗人談話以學習法文的，多是外國學生，來結識朋友的，也以外國人爲多。談話的開始可能是：「小姐，抽支烟嗎？」或「先生，有火柴嗎？」也可能是：「小姐，你眞漂亮，是法國人嗎？」更可能是：「先生，幾點鐘了？」但以前者最爲普遍，因此有些外國學生雖然沒有抽烟的習慣，却爲了這個目的而學會抽烟，而且衣袋裏放一包香烟，這個或許可稱爲醉翁的香烟吧？

一般來說，法國人比較悠閒，緊張慣了的香港人，走過巴黎的馬路，看見路上懶懶的狗，路邊咖啡座上悠閒的客人，脚步也會放慢起來。許多來巴黎求學的外國學生，也許受到傳染，沒有課的早上，往往日上三竿還不起床。我在巴黎逗留的日子到底還少，遲睡晏起的習慣還未養成，也學不會欣賞在咖啡店裏一坐數小時，默默地享受悠閒那種情調。順便提起，如果你有事在身，沒有多餘的閒暇，只爲了喝杯咖啡提提神，那麼，最好在店件把咖啡端來的時候，立刻付錢，或自備碎銀，喝完咖啡丟下錢便走，如果你等他結帳，包你急得像熱鍋裏的螞蟻。

我在巴黎的日子，晨早上咖啡店，通常在大學城附近，下午上咖啡店，多半在皇宮車站旁邊，晚間上咖啡店，大抵在拉丁區聖米歇爾廣場一帶，假日上咖啡店，往往在塞納河邊。請記得，倘使風和日暖的日子，那就是咖啡座而不是咖啡店。

晨早很少上咖啡店，因爲離宿舍不近。偶然去一趟，也只爲了換換早餐的花樣。在咖啡店裏或咖啡座上進早餐，通常要兩個「新月包」。那是新月形的麵包，香脆可口，吃過的人沒有不讚賞的。有些華僑管它叫牛角包。但我仍然喜歡稱它新月包，因爲「新月」較有詩意，何況，它的法文名稱 CROISSANT 本來就是新月之意。

下午五時許，從圖書館出來（國家圖書館東方寫本部五時關門），跟朋友在路邊咖啡座上聊聊天，喝杯咖啡提提神，可以一舒數小時伏案工作的疲累。皇宮車站旁邊的咖啡館是常到的一家，因座位設在屋廊下，既無日晒雨淋之苦，又有路邊咖啡座的風光，而且從地下車站出來的人，一個個在眼前展覽，有時髦的，整齊的，暴露的，弔兒郎當的，足可以助長聊天的樂趣。

法國咖啡相當香醇，自從患了胃潰瘍，戒掉咖啡幾年了，到了巴黎却捨不得不喝。杯子小小的，彌覺珍貴；其實一口就可以喝光，但有誰這樣喝呢？這樣喝法與巴黎的藝術空氣不協調！我早餐喝牛奶，下午喝咖啡，晚上喝別的什麼，却總不喝奶茶，因爲法國奶茶太不像話。

晚上如果坐「咖啡」，通常上拉丁區聖米歇爾廣場一帶，因爲多學生、遊客和文藝界人士。在咖啡座上，冷眼旁觀衆生相，也是一件樂事。有時旁觀黑人或阿拉伯人兜搭女學生或女遊客的過程，彷彿電影的一個片斷。對於白種女子來說，阿拉伯人似不及黑人吃香。假日坐「咖啡」，是靜觀塞納河邊的風光，或是倦遊歇歇脚，前些時在本欄寫過了，這裏不再重複。

一九七五、七、十八

遊不列顚博物院

愛好文學、藝術、考古的人，單單爲了不列顚博物院，便値得在倫敦居住一兩年。可是我只有半天時間，在這聞名已久的博物院內，作走馬看花式的遊覽。

不列顚博物院對於研究學術的人來說，簡直是個寶庫。在過去國力大張的幾個世紀，英國從東方的中國、印度、埃及等古國搬回來不少東西，大部份藏在不列顚博物院內。在這裏看了不少難得看到的東西，包括耳聞已久的木乃伊。我雖並不迷信，看了這些「陳死人」，心理上也不能坦然。

英國作家手跡，是令我留連最久的一個部門。雖然對筆跡與性格的關係沒有研究過，也看得徘徊不忍遽去。就拿幾個著名的女作家來說：讀過珍·奧斯汀小說的人，會以爲這些描寫細膩的小說，該出自心思細密的女人之手，而她的手跡，該是秀麗整潔的吧？但從展出的PERSUASION第十章第一頁的手稿看來，她的書法却是那末遒勁，那末男性化，而手稿竟塗改了三分之一！反之，取了個男性筆名的喬治·艾略特，筆跡淸麗整潔，也很少塗汚。愛彌麗·白朗蒂的書體，每一個字母各自分離，落筆輕重不勻，而且稜角分明，透露着孤僻的性格；「咆哮山莊」的作者，正是這樣。對她來說，原野上漫步，比朋友更爲重要。她的姐姐便不同了，字體清晰而齊整，却沒有什麼特色。

斯坦因從千佛洞帶回來的敦煌卷子，收藏在東方寫本部。一直想將其中的變文卷子校讀一遍，可惜沒有機會，只讀過顯微膠片。此次路過倫敦，雖然無暇盡讀這些變文卷子，也想看一兩個樣本。管理員說不能從收藏室裏拿出來給我看，因爲我沒有閱讀許可證，但如果閱讀室裏有人正在閱讀，我可以在旁邊看看。可惜沒有！後來在展覽廳裏終於看到一兩卷，鑲在玻璃櫃裏，看來裝裱上遠不及巴黎的卷子。

不列顛博物院的閱覽廳是圓形的，有座位四百個，單在外面陳列的參考書籍也有三萬册。這閱覽廳是不准遊客入內的，以免影響裏面的讀者，除非經過申請，有人帶領，才得在特定時間進內參觀一會。我沒有申請，看門人不准我進去，而且特定時間將過，申請也來不及了。在無可奈何的遺憾中與看門人閒聊。兩位看門人知道我是香港來的，便問「圖書館」「博物館」、「早」、「謝謝」等語，中國話怎麼說？我用英文拼音教會了他們。剛好帶遊客入內參觀的人出來，看門人便請他也帶我一帶，於是我也得償所願。

一九七五、十、廿五

倫敦塔

倫敦給我留下難忘印象的，不是白金漢宮，也不是西敏寺，不是不列顛博物院，也不是海德公園，而是倫敦城東，泰晤士河北岸的倫敦塔。我在倫敦可供參觀的時間只有三天。最後一個下午，計畫中要參觀維多利亞・阿爾拔博物館以及倫敦塔。早上遊罷杜素夫人蠟像院，穿過海德公園南下，午餐後繼續未完的行程，先遊維多利亞・阿爾拔博物館，這是順理成章的。可是我在博物館內留連過久，竟錯過了參觀倫敦塔的時間。

雖然錯過了進入塔內參觀的機會，我仍然要看看倫敦塔的外貌。匆匆吃過晚飯，便乘坐地下車去倫敦塔。從地下冒出頭來，發覺天色已經齊黑。順路走過正門，見鐵閘早已關鎖，守衛在裏面逡巡。繞到塔橋之上，在橋畔憑欄眺望，默察倫敦塔的形勢，追溯它底歷史任務。

倫敦塔南臨泰晤士河，地勢稍高，是一座古代的堡壘式建築。倫敦塔據說差不多有千年歷史了，不但我記得莎劇「理查三世」裏說，它是凱撒大帝所建的，莎翁的資料如果正確，它便有二千年歷史了！

凝視堡內一幢幢的建築，擬想裏面的結構和陳設。我參觀過法國中部洛亞河區好幾個中世紀的古堡，裏面陳列的傢俬、繪畫、狩獵工具和鷙禽猛獸的標本，倫敦塔古代不作獵宮，後二者的陳列恐怕會付諸厥如，不過却有古老的甲胄和刑具，其中的威克菲塔，據說還收藏着英王室的王冠和其他寶器。至於結構，想來沒有什麼特別吧？

倫敦塔曾經是帝王居所，雖然不是經常性的，但歷史可以追溯到史提芬朝（一一三五——一一五四）。不過倫敦塔吸引外國遊客的原因並不在此，而是因爲它囚禁過好些王族中人和許多貴族大臣，而且有些就在塔裏或塔外的小丘上行刑，像亨利八世的安妮王后、湯瑪斯·摩爾爵士、門茅斯公爵等都是。

在漆黑的夜空底下，在樹木掩映的幽黯中，這堡壘式的古舊建築內，彷彿陰森森有鬼氣，倘若晚間仍然開放，可不知有沒有膽量進去參觀？

繞着半個古堡，踱了兩個來回，竟然發現兩對情侶相擁坐在圍牆邊的長椅上，喁喁細語。我也找了一張長椅坐下來歇脚。八月下旬的倫敦，夜間氣溫已甚涼。背靠着陰森森有鬼氣的倫敦塔，面對黑暗與荒涼，想起無數慘死的寃魂，斜睨數尺外隱約的人影，惟恐他們眨眼間變回無頭鬼。這時覺得身上衣服太單薄，在這涼夜中實在不宜久留，便抱着遺憾而又滿足的心情離去。

一九七五、十、廿六

在高峰上

那年夏天，從瑞士參加了一個希臘觀光團，遊覽希臘。在雅典住了三天之後，又在德爾菲（DELPHI）留連了一日。德爾菲在半山上，下臨哥林斯灣，景色幽美。德爾菲又是古希臘一個宗教要地；是崇拜眞理、藝術、預言之神阿波羅的一個要地；聖區內除阿波羅廟廢墟外，還有劇場和競技場的遺址。我們抵達時先由嚮導帶引參觀博物館和古蹟，然後到預訂的酒店歇脚並進午膳。

午餐之後，頗覺無聊，在這半山的小鎭裏，簡直無處可去，最後還是獨自上山，在聖區的後山上，遇見團裏的法籍醫生和他的兒子。三人聯袂繼續登山，差二三丈便到峯頂，但石險沙滑，醫生因爲兒子小（十歲左右），再加穿着皮鞋的不便，首先退下，我也共同進退。但隨卽心有不甘；峯巔只在二三丈外，來到峯巔，怎麼可以退回？於是獨自再上，只差丈許，嶺更險，沙更滑，回顧醫生父子，已不見踪影。心想：只要再努力，一定可到峯頂，但能不能下來呢？上山容易下山難，萬一不愼，滑跌受傷，這裏回顧人影杳然，恐怕呼救也無人聽到。我站在高峯上，彎着腰，攀着石，心在猶豫，眼在逡巡，勘察左近的巖石以及可以攀引借力的東西，忽然想起希臘故事中出現過的蛇，不覺悚然，立即回頭下山。因爲在這萬里外的國度，無親無故，語言不通，萬一滑跌受傷或被蛇咬傷，那後果是不堪想像的。

未能上到峯巔，當時心裏自然覺得遺憾，事後想來却又不然。上到巔峯固然得到心理上的滿足，可以顧盼自豪一會兒，但在那陌生的環境，冒受傷的危險，再爬上那麼一丈許，實在犯不着，可能才得到幾分鐘的心理滿足，却招來許多麻煩，那才眞叫遺憾呢！何況那只是一個高峯，並非最高峯，在遠處還有一個更高的高峯，上得這一個高峯，滿足一會兒之後，難保不會興起爬上那一個高峯的欲望，正如詩人所說：「我必須再向上爬，好使眼界更廣濶。」既上得那一個高峯，又想上另一個更高的高峯。人總有無窮的欲望，不容易得到滿足。

在人生事業上也是一樣。以一個小學教師爲例，他會想做中學教員，做了中學教員，又想做大學教授，繼而想做系主任、院長、教務長、副校長、校長，既做了校長，又想做更有名望的大學校長，或許還要做教育部長，甚至於什麼院長，以至於總統。他繼續不斷向上爬，道路愈來愈艱苦，心理負擔愈來愈沉重，一方面要勘察形勢，作更向上爬的打算，一方面又提心吊膽，惟恐一旦摔下來。人總是要死的，像奧納西斯建立了航業的王國，而今又怎麼樣呢？

一九七五、八、五

懶散的一種表現

近來很懶寫信，起初不明白是甚麼原因，後來經過推想，找出了三個原因。

我一向的習慣是：外地的朋友才寫信，本地的朋友只通電話。外地的朋友，不是從本港出去的便是年前外遊時認識的。無論是哪一種，日子隔得久了，寫信的熱情便減低些。最初分手時，書信頻頻的來往，後來便越來越疏了。古人說，漸行漸遠漸無書；而今是，愈離愈久愈無書。這是原因之一。

給朋友寫信，主要是託事與傳情（包括思想）。我很少託外地的朋友辦事，偶然有事要特別寫信託外地的朋友，一定是重要的事，自然不會懶懶的躭擱下來。朋友有事託我辦，無論能不能辦好，通常都儘快給朋友覆信，因爲責任心在催逼。因此，遲遲懶寫的信，大抵是傳達思想感情的信，或沒有甚麼可以傳達而只爲了保持聯絡而寫的信。與朋友談及與思想感情有關的話，通常是在思想活躍，感情波動的時候；這時寫信給朋友，只能作獨白，等到朋友回答時，已經是一段時日之後了，思想感情已不是原來的樣子。這樣，興味自然大減。至於無話找話說，向來不以爲是有趣味的事；我一向不喜歡作無謂的應酬，就是怕無話找話說。因此，人家是長話長說，短話短說，我却是長話懶得埋頭作獨白式的長說，無話也懶得去找話說，只剩下偶然的短話短說。這是原因之二。

雖然沒有調查研究過，但我覺得年輕人似乎比較喜歡與朋友通信，因爲彼此都有理想，都有個夢，你說你的夢，我說我的夢，可以洋洋灑灑寫他數千言。記得中學畢業的時候，有兩位要好的同學升學到臺灣去了，我們每星期都通一次信，後來怕躭誤彼此的時間，相約把信寄海郵而不寄空郵，藉此減低通信的頻率。而今已不再是說夢的年齡，至少是對說夢的興趣已大減，因此給朋友寫信的熱情也大減了。這是原因之三。

三個原因其實都是找出來的藉口，基本的原因還是懶散，因爲需要速回的信我都能够迅速回覆的。但無論怎樣懶也總不及一位巴黎的朋友；他是幾個月才寫一封信，拿去影印十多份，塡上名字，再分寄各位朋友的。

因爲懶得無話找話說，又不想朋友的聯絡從此斷絕，每年寄一個聖誕咭或賀年咭，也是可行的辦法。而無論寄咭或寄信，都順手在信封上寫下自己的地址。寄咭表示曾某人仍然在世，而今向他問候。附列地址表示仍然住在原處或已遷到某處，對方要回覆的話，不至於無地址可查，至少也給他一種方便。

一九七五、八、七

從生日想到年齡問題

過了舊曆生日才一星期，又是新曆生日了，似乎今年的兩個生日距離特別近——當然無論怎樣近也不及出生那一年。

因爲日常生活很少與舊曆發生關係，所以很少翻查舊曆。只有端午、中秋和過年，有些迹象偶然會撩起我翻查舊曆的興趣。有時從難得一見的月亮的圓缺，也可以推知一個大概。此外，年中絕大部份的日子，便不曉得今日是何日（舊曆）了。因此，我常常忘了我自己的舊曆生日。但實際上到了那天，却從來沒有忘掉過，因爲總有親人提醒我。

那一年在巴黎，更沒有翻查舊曆的理由，舊曆生日便幾乎給忘掉了。可是，早上提了皮包出門，準備上圖書館的當兒，偶然發現信箱裏有信，原來家人又在信裏提醒我了。

家裏是不慶祝新曆生日的，我自己也沒有什麼特別慶祝，只有而立之年，和一位老朋友遊新界後，上沙田某菜館，暢談多年的舊事，算是慶祝了一下。今年麼？我在這裏寫稿！

新曆因爲經常用，所以新曆生日很少會忘記。記得那一年的八月，遊踪到意大利的梭倫多（SORANTO），是一個只有一條長街的小鎭。晚上在街上踱步，月光灑在長街上，不禁想起了家。仰看天上的月輪兒，俯察腕錶上的日曆，計算到家的時日，猛然想起腕錶上所示的日子，正是自己的新曆生日。於是多買幾個水果，聊作慶祝。

我其實並不重視慶祝生日，慶祝新曆生日的紀錄，只有上面所記的；切蛋糕，吹蠟燭的玩意，我沒有經驗過，也不覺得有什麼意義。舊曆生日都是家人慶祝的，其實也不過多買些菜，一家人吃頓飯，圖個熱鬧吧了。

我也常常不記得自己的年齡，因爲年齡年年不同，每年都要記一個新數字，多麻煩！我只記得自己的出生年月，人家問起便計算一下才回答，不大相干的人問起，便懶得計算，只答齊頭數，譬如二十，三十……。怕人問年齡的小姐，可以學學這個方法。

其實何必記着年齡呢？人生是一條走向死亡的道路，每年一個小站，每十年一個大站。牢記着年齡、每年慶祝生日的人，會有「又過一站，又過一站」的感覺；老年人做大壽尤其不可，他會有快到終點的感覺，因而心境大受影響，君不見許多老人做大壽期間果然到了終點了嗎？忘記了年齡，在人生舞臺上會有超水準的演出。有些人年齡五十，心境如二、三十歲的年輕人，工作能力和生活表現也像年輕人呢。

一九七五、八、十四

觀雨

今年夏天雨水不少。閒來無事，躲在家裏觀雨，也相當寫意。

我家臨近兩條大馬路的交點，驟雨來時，憑窗下望，可以看見人們爭相走避的狼狽。我住的地方比許多建築物高，從窗間外望，可以查察雲雨的行踪。晴天，我可以清清楚楚看見港島上的崗巒，以及依附在崗巒上的屋宇。傾盆大雨裏，這些屋宇和崗巒便都不見了，眼前彷彿只有朦朧的一片霧氣。雨像一條一條的線從天空上掛下來的時候，崗巒和屋宇又隱隱約約出現在一幅白紗的後面了。

我家有一個窗子面對鯉魚門海峽。有一天站在窗前眺望，驀然瞥見鯉魚門上空有一塊烏雲急促擴散，迎面撲來，烏雲下一幅巨型的白布幔，以同樣的速度，迎面兜來，海面上的小舟巨輪，也以同樣的速度，自遠而近，先後隱沒在布幔裏；彷彿正在看一個畫卷，有人從頂端迅速把它捲起，畫裏的景物，由上而下，也就是由遠而近，依次隱沒不見。啊，好快！一眨眼間，海面只剩下白茫茫一片，黑雲已到頭頂，白幔已撲到眼前，玻璃窗上一陣響動，驟雨已傾盆而下。好急驟的雨，眞有萬馬奔騰之勢！

我有兩次山上觀雨的經驗。第一次是四年前，朋友要去調景嶺訪人，拉我作伴。雖然雨過天靑，朋友仍帶了把傘。在山路上，又下起淋漓大雨，還夾着雷電！沒法子前進，只好蹲在路邊，盡量把傘拉低，勉强遮風擋雨。人在狼狽地蹲着，心裏焦急趕路，不是觀雨的時機。但在無聊賴的等待中，不得不默默地觀看山中的驟雨。

另一次山上觀雨是前年在瑞士，我從交湖鎭（地當兩湖交點）趁小火車到格林臺瓦去乘登山吊車。下火車時下着毛毛細雨，我不肯臨時退縮，故此冒雨登山。吊車共上四段，第四段便是最高的 FIRST 離山頂已經不遠。雨中上山，景物凄迷，浮身白茫茫的雲氣之中，環顧四面雲海，另有一番感受。FIRST 海拔七千餘呎，在夏雨中頗有寒意，雖然穿上他們供給的厚帆布大衣，仍是牙關互叩。倘若是天朗氣淸，到了 FIRST 之上，俯瞰山巒起伏，當有一番景象。如今在 FIRST 上，只見雲海翻騰，雨也雲也，不可辨析，身在雲中，甚麼景物都不見，雖然失望，却又得到另一種意境。得失之間，實在難料。

我也喜歡海浴時下毛毛雨。仰躺在微冷的海水上，承受冰凉的雨點，眼看漫天雨針，飄然而下，眞是暑氣全消！

十九七五、九、七

餘暇

與朋友在高樓上喝下午茶，天南地北扯個不完，偶然發現日影已移動了不少，看看手錶，轉瞬間竟已消磨了兩個小時。

我有許多書要讀，但是沒有時間一一讀完；我有許多問題要解決，但是沒有時間好好地思索，我有許多事情要做，但是沒有時間一件一件的做妥。向來只覺得時間不够用；從來沒有「謀殺」時間的需要。

那麼，爲什麼把寶貴的兩小時（連交通時間實在是三小時）輕輕消磨在下午茶裏？不嫌浪費嗎？

不，這不算浪費。有些人天天喝早茶，或者天天喝下午茶，那才是浪費。一個月裏，和家人喝一兩次早茶，和朋友喝一兩次下午茶，這不算浪費。天天喝一兩次茶，那時間我花不起；一個月喝兩三次茶，那時間我花得起——即使花不起也要花。

我覺得：一個人無論怎樣忙碌，總得保留一點餘暇，做一些自己高興而看來彷彿毫無意義的事，才有人生樂趣。譬如與朋友喝下午茶，既非商量生意，也不着意於聯絡感情，亦不在乎談論學問，只是東拉西扯地聊天——不錯，是聊天；既是聊天，便無所不談，在某些人看來，也是毫無意義的事，是不值得的。但是，辛苦工作了一兩個星期，花一兩個小時與朋友聊聊天，我看是值得的，因爲工作的緊張得到鬆弛，生活的枯燥得到調劑，而且聊天本身也有些樂趣。至於感情的聯絡，知識的交流，只是意外的收穫吧了。

沒有喝茶的伴侶，聊天的對象，有時聽聽音樂誦誦詩詞，也是一樣。或者偶然興到，而又遇上對手，下一兩盤棋，也無不可。有人喜歡種花，養鳥，或者看看電影，養養熱帶魚，都是一樣。並非因爲日子過得無聊，才需要這種種消遣，好把時間「謀殺」掉。實在是人生確實需要這麼一點餘暇，用來從事一些消遣，調劑生活，增加樂趣。

現代人工作繁忙，生活緊張，不可能像古代士大夫那樣有許多閒暇，也不可能再過那樣悠閒的生活。但我們不是機器，不可能老過着機械式的枯燥生活，也不可能老是講究效率，緊張地生活。因此，我們需要給自己製造一點悠閒，增添一些姿采。爲了達到這個目的，便得保留一點餘暇。

終日忙個不了，沒有一點餘暇，即使是做有意義的工作，也只能是短期性的。如果是爲了金錢，那更划不來，因爲金錢本身是無用的，金錢的用處，是可以換取得物質的享受。爲了賺錢，弄到一點餘暇都沒有，是犯不着的。若因此而損害了健康，就更不值得了。

一九七五、九、廿七

心兒飄蕩

在巴黎和一位韓國朋友談到旅遊觀光的話題，曾經說過：「如果有生之年未能一遊北京、杭州、桂林等地方，一定死不瞑目。」回到香港以後，雜務纏身，轉眼過了兩年，一直未能抽身遠遊。今年暑假，有同事遊桂林歸來，讚不絕口，令人悠然神往。近日從報刊上知道有一套「桂林山水」的電影在上映，便打算抽空去看。昨天乘着假期之便，終於去看了回來。

電影拍得並不理想，尤其是開頭部份，畫面暗沉沉的，心裏不禁想：聞名已久的漓江，原來就是這樣麼？沙田未塡海時，扁舟上的黃昏，也不會差到那裏。——算了吧！這些不是本文作意所在。

看着銀幕上的祖國底靈山秀水，心兒不禁飄蕩起來，飄到模糊印象中的童年遊息過的祖國山河，飄到最近遊覽過的歐洲底湖光山色，飄到眞正的桂林山水之間。「什麼時候能遊桂林？」心裏在想：「最好不跟旅行團，約同三兩知已，在靈山秀水之間，徘徊遊息，不盡興而後返。」但是，什麼時候能實現呢？一年又一年的過去，理想終歸是理想。

看着畫面上的巖洞，不禁想起意（大利）南（斯拉夫）邊境上的POSTOJNA巖洞，都是奇形怪狀的鐘乳石，映着燈光的斑爛五彩，想像出來的亭臺樓閣，以及帶着驚奇眼光的遊客。但是爲什麼拿歐洲的巖洞來比呢？因爲那是唯一遊覽過的巖洞！中國的巖洞，而今才從銀幕上看到。偶然想起「但恨不如雲際雁，年年猶得望中原」的詩句，背景不同，實際情況也不同，感觸却有點類似的地方。

從銀幕上看見外國人喜洋洋的遊覽桂林山水，正如當年從螢光幕上看見尼克遜站在長城上，不禁泛起淡淡的妒忌之情。中學生時代，從文法書上見到一個例句：England,with all thy faults, I love thee still! 曾經信手把 England 改爲 China，因爲我是中國人。中國啊，不管你有什麼差錯，我總歸是愛你的！我愛你的山河物產，我愛你的歷史文化，我愛你的兒女！但是，自從童年離開以後，還未再親眼看過你的山河！

因爲心兒飄蕩，錯過了好些鏡頭。但那有什麼關係呢？桂林山水早已在畫册上及遊記中看過，雖然不像電影那樣逼眞，到底神交已久，何況逼眞總不是眞，錯過一些鏡頭有什麼要緊？而且喜歡的話還可以再看。心兒飄蕩，就由他飄蕩好了。

去看「桂林山水」，本來帶有幾分讓思戀祖國山河的心安頓一下的意識，既不能安頓，就由他飄蕩吧！

一九七五、十、三

雲影

不知從什麼時候開始，我愛上了雲影。

小時候喜歡在曠野上玩，偶然也在山坡上玩，看見雲影悠悠然溜過，便發足追逐；追不上的時候，便站着喘氣，目送雲影遠去，然後抬頭尋覓投影的浮雲。

而今在我工作的地方，也常常可以看見山上的雲影。無風的日子，雲影停留不動，給光采燦爛的山巒，添上一些陰影，使山容更美，更適合畫家描繪。倘遇和風吹送，雲影慢慢移動，光處的樹木逐漸隱入陰影裏，陰暗的山石也逐一顯露光采，山容變幻，更加引人入勝。要是勁風疾吹，則雲影在山坡間起伏奔馳，會看得人悠然神往。

換一個方向，又可以看見雲影在屋頂上爬行，在馬路上跨步——不，是以一定速度向前滑行。有時翺翔萬里歸來的飛機，也會投影到地面上來，跟雲影賽跑。只見飛機的投影在屋頂上跳躍，在馬路上奔跑，把雲影遠遠抛在後面。但是飛機的影兒，總不及雲影瀟洒，也不像雲影惹人深思。

雲影必在晴空之下出現；天空灰蹓蹓地，陰霾密佈之際，便看不見雲影。因此，觀看雲影的時候，心情不會悽慘。晴空一碧，萬里無雲的日子，自然也沒有雲影。因此，觀看雲影的時候，心情也不如面對萬里無雲的晴空時那般爽朗明淨。凝視沉靜的雲影，心情會有點憂鬱，也可能感染同樣的沉靜。眺望山間奔馳的雲影，心情會比較輕快，但也可能意緒不寧，神思不定，追隨雲影的起伏不平。

很多人愛慕白雲，頌讚白雲，也許是由於白雲的空靈高潔，輕盈飄忽，變幻無端，而且使人聯想到家鄉吧？但是白雲太高，高不可攀；雲影却比較親近，因爲他也在地面上流動，而且你有時可以投身在雲影裏。

雖然雲影比白雲更接近人間，你甚至可以投身在雲影裏，但雲影是觸摸不到的，因爲他沒有實質。因此，雲影與人的距離，似近還遠，似遠又近。他彷彿是人間的，又彷彿不是人間的。

雲影既無實質，在原野上奔馳的時候，樹木攔他不住；在水面上滑行的時候，船隻也軋他不爛。他不會傷人，人也傷他不得。

雲影還有一點可愛處，就是他經常默默無聲。他只用他的形象和節奏，引導你玄想。碰上沒有交情的人，他便靜悄悄地溜走，一點兒也不打擾。

但是，我不明白，雲影打從哪裏來，往那兒去？我到處打聽，探不出他的來處；我翹首眺望，也看不透他的去處！

一九七五、十、六

玩具

香港已經成爲世界最大的玩具出口地區。這種成就並非倖致的，是香港人奮鬪的成果。

早在十多年前，香港的塑膠工業，還是以製造塑膠花爲主，後來轉而製作玩具，香港的玩具工業便從此發展起來。此後迅速成長，十年前便取代西德成爲世界第二大玩具出口地區，三年前又超越日本而躍居第一位。

數年來，香港貿易發展局每年出版一册「香港玩具」，介紹香港玩具廠商的製品，圖文並茂，也難怪玩具工業受到貿易發展局的注意，因爲論出口價值，香港玩具工業僅次於紡織製衣業及電子工業吧了。

今日的孩子眞幸福，各種各樣的精美玩具，隨時隨地可以買得到，價錢也不太貴。玩具不止精美，而且種類繁多：車、船、飛機、刀、劍、槍、琴、積木、洋囡囡以及各種玩具小動物，應有盡有。單以玩具車來說，便有巴士，火車，貨車，吉甫車，以及各種款式不同，大小有別的私家車；有自動的，有非自動的；有利用發條推動的，有利用乾電池發動的；不止會動，而且會轉彎；不止會轉彎，而且會翻觔斗呢。此外有會唱的洋囡囡，有會飛上天空的小飛機，還有無線電對講機。這種種巧妙的兒童玩具，這許多款式的玩具，讓二十年前的兒童看見，準會驚奇得張大了嘴巴合不攏來，羨慕得抓耳撓腮不知如何是好，如果得到一架「鬼馬神仙車」，一架無線電控制的飛機或甚麼的，準會高興得跳跳蹦蹦去向同伴們炫耀。

我自己小時候便沒有這樣的福氣。那時候還在國內一個小鎮，物質文明遠遠及不上現在的香港。我所擁有過最精巧的玩具，也是留下最深印象的現成的玩具，是父親從香港帶回去的一輛小火車，「上鍊」後可以循着軌道周而復始的行走許久。這輛小火車所激發小心靈的喜悅之情，是不可言喻的。很可惜，這種喜悅只維持了三天，第三天上便給一位同齡的遠房表叔暗中拿走了，只剩下車軌給小心靈憑弔！

不過，那時現成的玩具雖然不可多得，我們却並不缺少玩物：重九以前我們都放風箏，風箏都是自己糊的，要多大造多大，要什麼款式造什麼款式的；我們有刀劍和弓箭，是拾取竹器店前的棄竹削成的；我們有火槍，是用千辛萬苦搜求回來的兩顆子彈殼裝在木頭上造成的；白果、菱角、竹子等，都可以造玩具。

我們很少現成的玩具，但我們懂得利用許多東西造成玩具，而且玩得很開心。比較起來，今日香港的兒童便缺少這種「創造」的機會，從這角度看來，是不是一種損失呢？

一九七五、十、十七

關心我的靈魂

今天（十二日）早上在學校的休息室裏利用空堂時間閉門寫稿，寫到最後一段的時候，有人敲門，原來是四位去年上過我的課的中文系學生聯袂來找我，正感奇怪的當兒，她們遞上一張請柬，請我去聽葛培理的佈道。我笑一笑，問：「爲甚麼請我？」她們說：「關心老師。」我又笑一笑，說：「關心我的靈魂嗎？」她們也笑笑說：「是的。」我感到爲難：這兩個星期是半年來最忙的時間，否則也不會利用學校的空堂時間來寫稿——我在學校的空堂時間一向是用來批改習作的，但最近兩星期因爲有別的事趕着做，只得偶然利用這些時間寫一篇稿，在這忙得不可開交的時候，我怎麼能抽出一晚時間去聽佈道呢？葛培理是當世最著名的佈道家，他來香港佈道，是基督教在香港傳教史上一件大事，我本來也想去聽聽，因爲忙也就打消了。而今四位關心的學生來邀請，所以使我爲難。我只好說，看看能不能抽一晚去聽，無論如何，謝謝她們的關心。

從事大專教育十年了，學生關心我的靈魂，這是第三次。上一次是兩年前，一位史地系學生聽說我還未接受基督，找我談了二十分鐘，最後表示，甚麼時候我決意接受基督，她隨時可以效勞。第一次是六七年前吧？一位社會系學生鄭而重之的送給我一本教會印的小冊子，丁方二吋，小巧精緻；她在課堂上的表現是沉默寡言，下課也很少找我，這一次關心起我的靈魂來，也沒有說多少話，小冊子裏的話代表了她的心意。後來她到外國升學去了，願她的日子過得愉快！

大學時代也有不少信仰基督的同學關心我的靈魂，男的，女的，高班的，同班的，都有。他們對我講解教義，和我辯論各種問題，帶我去北角、尖沙咀、土瓜灣、九龍塘聽人講道，有幾個還爲我祈禱。我儼然是一個慕道者，但我堅持弄清楚門裏是怎麼樣的，才肯進門；解決了心裏的疑惑，才可以入教。他們說：「你不進門，怎麼能弄清楚門裏是怎麼樣的？」我說：「我不弄清楚，怎麼可以隨便進門？這個門是不好輕易退出的，那是叛教！」我曾經苦苦的思索，飯吃不下，覺睡不着，持續了一個星期，到了身心所能支持的極限，仍然得不到解決，只好暫時壓下來。四年大學生活，這樣的經驗有兩次，以後不敢再嘗試了。他們說我是鐵石心腸，只好苦笑而已。在這方面幫忙最多的，是一位高我兩班的男同學和一位同班的女同學，而今他們都在美國，也願他們日子過得愉快！

葛培理佈道大會，去呢，還是不去？今晚不成，明晚看吧，或者後晚？

一九七五、十一、十七

不再敲門

我跟天主教、基督教和佛教有過多年的接觸，但至今還未信仰任何一種宗教。

唸高中時，跟一位意大利神父學唱歌、學管樂，學過一些宗教歌曲，但愛唱的是「西班牙女郎」、「白鴿」等歌曲，愛吹奏的是「六月之夜」等華爾滋和進行曲，而印象最深的却是神父自己唱的「女人善變」。每逢天主教的大日子，街上巡遊，我們例必有份，但只限於儀仗隊的一員吧了，那些莊嚴肅穆的儀式，似乎與我無關。這一曲「女人善變」，前年在威尼斯舊調重聽，手捧着香檳，眼凝視着歌者，耳聽着雄渾的歌聲，心裏跟着那熟悉的旋律廻轉。第二天，乘 GONDOLA（威尼斯的遊覽船）遊覽，情不自禁隨口哼起這調兒來，同遊者以爲我天賦特佳，過耳不忘，却哪裏曉得有這樣的淵源。至於聖誕演劇等活動，只從藝術立場加以觀賞和參加演出，那宗教的氣氛，對我並未產生足够感動的力量。數年來所聽的教理，也只留下滿腹疑團吧了。

大學時代，我曾兩次熱烈地追求「基督眞理」，希望能踏進「救恩之門」，但每次都是及門而返；以後便無動於衷。其中詳情，在「關心我的靈魂」裏已經談過。

大學畢業那年，得朋友的介紹，替一位法師做些翻譯工作，順便跟她學畫。不到兩個月，胃潰瘍病發，住進了醫院，出來以後，畫不再學了，翻譯工作却仍繼續。兩年之間，與法師常有接觸，偶然聽聽佛法，譯一些弘法的文章，也讀一點佛經。我有兩位虔信佛教的朋友，又有兩位不信佛教，却研究佛學的同學，彼此經常見面，受若干影響是難免的，可是一直並未信佛。

這期間，我和道教也有一些接觸，但只限於研究上的興趣，信仰上簡直毫無影響。

此後，在宗教信仰上，我只是任其自然，既不與人討論，也不求助於書刊。我覺得，信仰不是知識，不是學問，是討論不來的，書刊也沒有多大幫助。我體會到，信仰是勉強不來的，瓜熟自然蒂落，不再打算敲任何宗教的門。但是，我不反對宗教，因爲人是軟弱的，而人生多憂患，眞正信仰宗教的人，會加强生活的信心，跌倒之後再站起來，也增加一種支持的力量。

前幾日，收到一位讀者的信，他讀了「關心我的靈魂」一文，爲我尚在「救恩之門」外徘徊而着急，想寄些書刊給我。他的熱心與關懷，我心領了；寄書刊給我的提議，我婉謝了。爲了表達衷心的感謝，我回了一封短信。但是仍然耿耿於懷，所以再寫本文，表明自己的心意。

一九七五、十二、十九

無可奈何花落去

看見花開，覺得欣然，目覩花殘，心境黯然，這是人之常情，不足爲怪的。聽說祖父摔了一交，不能起床，而且神情委靡，要不久人世了，星期日便搭水翼船去探望。

澳門是少年時代的舊遊之地，風景依然，只是多了些新建築，還加一道跨海大橋。但是，每次踏上碼頭，心境便沉重起來，因爲家裏有幾個風燭殘年的老人住在那裏，走着人生的最後一程。破舊的房子，黯淡的燈光，往往使心境更加沉重。還好，今次卽日來回，不用看那黯淡的燈光！

站在床邊，注視那委頓的老人，肌肉委縮，面色灰暗，凌厲的眼光看不到了，肥胖的身軀也消瘦了，因未戴假牙，兩頰凹陷，說話含糊不清，忽然之間，一股哀愁衝上來，與其說是由於親情的衝動，不如說是由於眼見生命的萎謝！快九十歲的老人，油盡燈枯是意料中事；生命的萎謝，則是古往今來每一個人都感到無可奈何的事。

有生必有死，所謂「人生非金石，豈能長壽考？」死亡不過是生命的盡頭，是人生必經的一個階段。但是，有多少人能像莊子那樣，視生如「附贅懸疣」，視死如「決疣潰癰」？「大塊勞我以生，息我以死」的達觀，是不容易做到的。所以王羲之說：「固知一死生爲虛誕，齊彭殤爲妄作。」有些人自以爲可以做到莊子的達觀，只因未曾面臨死亡；等到面對死神之時，就不能泰然自若了。

失明使沙特體會到年紀老邁，也體會到死亡臨近。他說：「我不喜歡老年人。我所認識的人都比我年輕得多。」雖然他的理由是：老年人思想僵化，故步自封；其實，我想，他的心境已爲死亡的陰影所籠罩。他自己不是說：「我知道它要來了。」

六十一歲的過氣電影明星史超域格蘭加，在西班牙享受奢侈適意的生活，却逃避不了衰老的威脅。他說：「變老是很傷心的事。看見任何事物腐化殘舊，令人很是心情低落的，尤其看見自己衰老。」看自己的舊片，更令他低徊不已——看見年輕時的自己掌着劍跳來跳去激戰，而今却已無能爲力了！因此，他願意付出任何代價，但求再次年青。

回復青春固不可能，卽使保留現狀，不再衰老下去，亦不可得。這樣，對生命感到留戀，面對生命的萎謝而感到無可奈何的悲哀，也只是人之常情，不能一概目爲無病呻吟了。

一九七六、一、十九

由風箏想起

看到報上有關風箏的星期特刊，不禁悠然想起童年時代放風箏的樂趣。

香港九龍，屋宇櫛比，人們多數住在「火柴盒」裏，要找個可以放風箏的地方，着實不易。除非你特意跑到郊外去，找個適宜的地點，便可以自由自在放半天風箏。但是這樣太麻煩，雅興來時，那裏找地方去？等到覓得地方時，可能已興致索然了。

我童年的居處，却不是這樣屋宇櫛比的地方。左右隣里都是兩層的樓房，里門之內也沒有汽車，街巷可以作爲風箏起飛的跑道，跑風箏的只要防人，不必防車。我家的房子也是兩層的樓房，有一個小露臺，一個大露臺。大露臺正是放風箏的好處所，有風時不必跑到街上去，也不需要人遞風箏，一個人站在露臺上，握着放風箏用的線轆，把風箏迎風抽送，一抽一送，線兒慢慢放出，風箏便節節高升。無風時便沒有這麼容易了，要有人遞風箏，先放出長長的一段線，那邊遞風箏的人一放手，這邊放風箏的人立刻回頭跑，人跑的速度便等如風速，把風箏送上高空，就有風了，風箏也可以保持不墜了，放風箏的人也可以坐下來欣賞風箏的舞姿，享受放風箏的樂趣了。

我們放的風箏都是自製的，雖然有糊得很漂亮的風箏出售，我們却還是自己動手製造，形狀、大小，任憑自己的心意。一般來說，以製作簡單的菱形風箏居多，削兩條竹皮，黏一張堅韌的麻紙，繫上線便成了。雖然簡單，却也講究技巧：作爲兩翼的竹皮，太硬了，風箏難控制；太軟了，風箏不靈活；輕重不均，風箏便失去平衡。有些孩子總造不出好風箏，放風箏的技術也不高，只好給風箏加上一條尾。有尾的風箏容易放，却失去靈活性。

風箏又名紙鳶，鳶是猛禽，孩子們每每爭强鬥勝，放紙鳶也往往在空中相鬥，彷彿兩頭鳶兒相搏。用來相鬥的風箏大多是沒有尾的，因爲操縱起來比較靈活，所用的線則是黏上玻璃粉的，叫做玻璃線。兩隻紙鳶搭上了，雙方便趕快放線，兩條相交的玻璃線恰似兩把利刀相割，堅韌銳利的便得勝。有時一隻風箏把其他的風箏都割下來，成爲空中的霸王；有時只剩下幾隻，又給別的風箏割掉了。强存弱亡，在任何事情上都是這樣的。放風箏的樂趣並不在乎爭鬥。人受到種種限制，小孩子竟能親手製造一隻風箏，在高空上飛舞逍遙，這風箏又在自己手上，控制自如，這種樂趣是無窮的。

有人說：「歡樂的回憶已不再是歡樂。」我不同意；寫這篇文章時，當年放風箏的樂趣，彷彿又在眼前了。

一九七六、一、廿九

在金魚缸裏

寫雜文，有的喜歡寫他人，有的喜歡寫自我；通常來說，寫他人的偶然也會寫到自我，寫自我的也難免會寫及他人。

天天見報的專欄文章，題材自是篇篇不同：有時表達思想，有時抒發感情，有時憶述往事。在文章裏喜歡寫自我的，固然是表達自己的思想，抒發自己的感情，憶述自己的往事；卽使寫及他人的文章，也難免會顯示自己的思想，流露自己的感情；憶述所見所聞的往事，也會在有意無意中顯露了自己的思想感情，甚至揭露了自己過去生活的片斷。

朋友間閒談，我很少談及自己的過去，因此相交二十年的老朋友，也不曉得我童年和少年時代的事迹。老朋友閒談，自然要說出自己對事物的見解和感受；與新朋友交談，或三四人以上的聚會，我就會多用耳朵、少用嘴巴了。

我在本欄寫的文章，有一半是自己近年來的所思所感，一小半是憶述往事的，另有一小半則是臨時觸發的，所寫無論是思想、感情、事迹，都是眞實的，並非爲了塡滿這個框框揑造出來的，若有讀起來似乎不眞實的地方，那是筆者文字傳眞的功夫未够吧了。有些朋友看見我筆下所寫的，有些是平日未聽我說過的，以爲那是虛構，或是新近的見解，其實並不如此。

無論什麼形式的文學作品，多少總會流露作者的思想感情，不過有些文學作品因爲披上了藝術的外衣，作者的思想感情便得到不同程度的掩飾，有些作者則故意在作品中赤裸裸地顯露自己的靈魂，這樣一來便縱有藝術的外衣也不起遮掩的作用。雜文這一種文體幾乎是沒有藝術外衣的，無論作者愛不愛裸露自己的靈魂，他的思想感情總會有所顯露，只是程度上有所差異吧了。

五弟喜歡養金魚，常常蹲在金魚缸邊，注視金魚的活動，金魚的每一個細微動作，都收入他的眼底。假若金魚有知，當會有赤裸裸暴露在人家眼前的感覺。寫雜文也是一樣，特別是寫每天見報的專欄文章，作者彷彿把自己放進金魚缸裏，自己的一舉一動，所思所感，似乎都盡入讀者眼底。從一開始寫專欄文章，我便有這種感覺；不，還未開始，我已經考慮到這一點。自然，並不害怕把自己放進金魚缸裏，我才接受下來。在文章裏有時提到一些朋友，我總把他們的名字隱去，因爲有些人不願意人家把他放進金魚缸裏。我在本欄不寫開場白，是基於同樣的想法；既然要把自己放進金魚缸裏，自己的見解，感受和立場，會逐漸呈現在讀者眼底，開場白是多餘的。即使循例要有開場白吧，一個專欄也不需要兩篇。

一九七六、二、十

生也有涯

「吾生也有涯，而知也無涯。」——早在兩千多年前，聰明絕頂的莊子，已經這樣歎息過。

事實上，人的生命太過短促，知識的領域却無窮盡，求知慾旺盛的人，往往覺得要讀的書太多，讀書的時間太少，面對許多要讀而未能讀的書，未免感到遺憾，感到無可奈何。

小時候不愛讀書，終日耍刀弄棒，最愛弓箭，用竹皮自製了一副好弓箭，密密的收藏起來，免得給家長搜出毀掉。

升上初中，竟讀起課外書來，劍棒弓箭不再玩了。最初讀的只是些冒險故事，俠義小說和探案，後來受了國文老師的薰陶，才轉向文藝書籍。兩三年間，把五四時代的作品讀了一大堆，讀得廢寢忘餐，往往自言自語：這許多文學著作，怎麼能讀得完？後來讀了些翻譯的英、美、法、俄的作品，再後來讀了些英文原著，更覺得要讀的書讀不完，覺得讀書的時間老是不够，眞是應了莊子的話：「以有涯隨無涯，殆已！」

在無可奈何之中，在惆悵之餘，不禁想：人若能够延長壽命，該多麼好！但是，長生固不可能，延年也無善法，於是又打起飲食睡眠的主意來，心想：飲食睡眠佔去人生大半的時間，人若不用睡眠，不必謀生覓食，便可以省下許多時間，做自己愛做的事了。

人是血肉之軀，要做到不眠不食而維持正常的活動，到底是痴心妄想，但在這科學進步日新月異的年代，發明一種藥丸，吃了可以三日三夜，甚至七日七夜不眠不食，而能維持正常的活力，也許是不難的。退一步說，發明一種廉價藥丸，吃一顆可以當一餐飯，供給足够的營養和能量，至少可以省下外出吃午餐的時間，可以好好的讀讀書。但是，到目前爲止，我們還未有這種方便。

一個負責的學術研究工作者，五十歲仍無著作，便會十分心焦，正是「老冉冉其將至兮，恐修名之不立」；六十歲仍交白卷，他的一生大抵要完蛋了，在我自己來說，關於著述的事，再過十多年才焦急也還不遲；現在我只要讀書，要好好的多讀點書，但是近年來忙得讀書的時間越來越少了，怎不叫人心煩！

我愛讀書，讀書是我最大的嗜好，少年時候心裏想：人能够不死就好了，人若不死便有充份的時間讀完所有要讀的書了。但是回心一想：人若有不死的天賦，就會失去奮發的雄心了——何必急急忙忙的讀書，好好玩他五百年再說。這樣看來，生也有涯倒是需要的了！

一九七六、二、廿八

重遊南生圍

許久不去元朗了，在我心目中元朗沒有什麼好玩，勉強可以一遊的只有南生圍；我想許多去元朗旅行的人，目的也是一遊南生圍吧？

遊南生圍，這是第二次了。第一次遊南生圍，大概在十年前吧？沒有十年，也有八九年了。那一次是中文系學生發起的郊遊，不少老師參加；其中大家敬仰的一位王老師早在八年前作古了，當年那羣大孩子，而今也已成家立室，各有各的事業了。

在堤上踱步，隔河遙望那不得其門而入的園子，追溯昔年的歡樂。不錯，那園裏的亭臺曾經成爲我們憩息之所，那園子的草木傾聽過我們歡樂的笑聲。而我當年雖然身爲老師，却還是個大孩子！十年，人生有幾個十年？時光無情，恰像這繞在眼前的髒水。

時光不能停留，人生總有衰老，舊地重遊，無端勾起一抹感傷，只緣想起英年早逝的王老師，再想到歲月無情，人生最燦爛的十年，幾乎交了白卷！

看見孩子們玩得恁樣開心，淡淡的愁雲也就一驅而散。這是我們的下一代，是充滿活力的下一代。

堤上遊人不少，單是我們一隊已經有十多人，其他有青年男女來尋樂的，也有「拍友」來「製作」藝術品的。堤邊泊著數葉小舟，拍友們請了兩位千嬌百媚的模特兒來，在舟上擺弄姿態。我們隊裏的女士們也不甘後人，利用一艘蓬舟作背景，拍了一幀合照。

許多人特別來南生園拍照，我本來也買備了菲林，預備來拍幾幀「傑作」的，因爲帶了兩個孩子，其中一個還是手抱的孩兒，有許多東西要携帶，因此也就懶得携帶可有可無的相機了。何況，隊裏有名家在，照是一定有人拍的。幸而不曾携帶照相機，不曉得爲什麼，今天重遊南生園，竟然毫無拍照的心情。

一聲「有蛇」，把孩子們的歡樂笑聲，驅得無影無踪。那是一條不大也不小的蛇，昂首吐舌，顏色和樹根差不多，不大惹人注意，要不是有人呼叫，可能有人要遭殃。蛇終於驅走了，牠的名字仍然留在隊友們口中，直到離開南生園。有人說牠形態醜惡，我也有同感，不過人站在人的立場看蛇，覺得牠醜惡，焉知蛇本身不認爲這是最美的形像，反而覺得人醜惡？蛇不聲不響就在你身邊出現，這是最可怕的；不一定是牠爬到你身邊，有時是你自動送到牠身邊。人說蛇要傷人，蛇却怕人要傷牠，噬人是出於自衞的本能。人蛇之間可能一直存在着誤會吧？

一九七六、三、十一

捕蠅

我住的地方很高，似乎許久不見蒼蠅了。前幾天去遊元朗南生圍，才重逢了這些討厭的小東西。

蒼蠅不像蚊子般會叮人，吸人的血，使人感到痛楚，並且皮膚上留下點點紅斑。但是蒼蠅喜歡在人家手上爬、臉上舐，使人癢癢的很不好受，而且驅之不去；你要午睡或工作的時候，給這麼幾個小討厭糾纏不清，心裏是够煩的。蒼蠅的討厭還不止此：自從有了顯微鏡，我們就知道蒼蠅是傳播病菌的媒介，菜餚餅餌給蒼蠅光顧過的便不敢吃，卽使勉强吃下去吧，心裏也不舒服。

蒼蠅既騷擾人的安寧，又能使人生病，自然是討人厭的，因此，人往往要撲滅蒼蠅。撲滅蒼蠅的方法，通常使用蠅拍或糖膠。但在元朗一家餅店門前，我們見識了一種新方法。

元朗的蒼蠅很多，餅店的玻璃櫥櫃裏有不少蒼蠅，這邊幾個那邊幾個的貼在玻璃上。玻璃櫃裏空間狹窄，用蠅拍固然不便，何況把蒼蠅打死了，屍體黏在玻璃上，很髒。用糖膠也有同樣的缺點。比較好的辦法是把蒼蠅趕跑，但有些呆呆的戀棧在櫃裏，趕也不跑，即使趕跑了又會回來，總不是妥善的辦法。店伴却想出了一個非常妥善的辦法，就是利用吸塵機。把吸塵機變作捕蠅管，管口對正蒼蠅，蒼蠅便立即自動飛進管裏去，快捷便當，乾淨利落，不會有蒼蠅屍體黏附在玻璃上，也沒有驅逐蒼蠅去而復回的痲煩，而且適應在狹窄的空間內使用。你不能不承認，想出這辦法來捕蠅的，是一個有頭腦的人。

回心一想，店伴想出這個方法，並不光是靠頭腦，還有環境上的需要。像我們城裏人，居處根本沒有蒼蠅，任你聰明絕頂，也不會想到利用吸塵機來捕蠅吧？元朗餅店的店伴，終日受蒼蠅的滋擾，便給他想出這個乾淨利落的捕蠅方法。由此可見，有許多事情是要從實際生活中學習的，光靠從書本中學習是不够的，人類的創造力，往往由於實際生活上的需要，才得到充份的發揮。

捕蠅，通常是由於蒼蠅傳播病菌，有碍衞生，或者騷擾我們的安寧；但對孩子來說，有時是爲了好玩。小孩子捕蠅，通常是憑一雙小小的肉掌；手掌逐漸靠近，然後變爲閃電動作，把蒼蠅握在拳內，或者合在掌中。捕得蒼蠅，用小竹簽豎起，給牠一段燈心草，牠便上下左右的舞弄，彷彿齊天大聖舞他的金箍棒。這是鄉下孩子愛玩的玩兒。城裏的孩子不大容易捕得蒼蠅，也沒有燈心草，而且父母可能接受了人道主義的影響，推己及蠅，發展爲「蠅道主義」，會禁止孩子玩這殘酷的把戲。

一九七六、三、十五

衆裏尋他千百度

聽說他回來了，一家四口全回來了，暫時住在隣埠。

平常日子不能抽身，只好星期日搭水翼船來回。

船泊岸時已經十點半。坐在計程車裏看着似熟悉而又陌生的景物向後退，心裏感慨漸多。這少年時代的舊遊之地，因爲近年來得少了，愈來愈覺得陌生。一座一座新建的樓房，點綴在熟悉的景物之間，使這熟悉的小城顯得陌生起來，而最陌生的就是那座跨海大橋了。看着車窗外的景物飛退，心裏愈來愈急。只怕他們不在家，見不到面；只怕徒勞往返，一兩個星期後還得抽空再來。因爲十六年不見，無論如何總得會個面。不曉得人是不是眞有第六感覺，他們果然不在家，據傭人說，是一位香港來的朋友請他們出去吃飯，那朋友微胖，和他差不多年紀。我知那是誰了，是他的同學，十六年前見過面。他們已經失去聯絡，是我們找到他的電話，通知他來的。誰知他比我們早到一步，把人請出去了。

他們吃完午飯立卽回來，也得要下午兩點了；如果到甚麼地方玩玩，我們就沒有機會見面了。我不甘心，不肯在屋裏株守。澳門是個小地方，我要出去找他，必須在四點半以前找到他！

首先假定，他們吃午飯的地方，不出新馬路一帶。在郵政局附近下車，沿着新馬路向「皇宮」那邊走，眼睛不斷向馬路兩邊的行人掃射。妻子和他們未見過面，幫不了我的忙，我還是請她幫幫眼，留意路上有沒有這樣一個五人組合：一對四十許的中年男女，高高瘦瘦，一個差不多年紀的男子，身型微胖，一個十多歲瘦長的女孩和一個五歲左右的男孩。

但是沒有用，一直走到「皇宮」，連新馬路上賣手信的地方都看過了，還是找不到人，「皇宮」裏面也沒有！只好回頭走，再尋一遍，把新馬路及靠近新馬路的茶樓酒家都搜遍，逐層逐層的看過，依然無所得。最後來到「葡京」，在葡京酒樓繞了一圈，連最後的希望也告幻滅，在疲乏和失望之下，找座位飲茶。剛好有人結帳離座，於是一交坐到椅上，開了一壺「普洱」，偶然抬頭，前面不遠處——唉，正是：「衆裏尋他千百度，驀然廻首，那人却在燈火闌珊處。」剛才繞過他們背後，認不出來，而今繞到他們前面坐下，方才看見。失望，疲乏，化作煙雲消散了。他們夫婦的容貌沒改變多少，只留下十六年歲月侵蝕的痕迹，特別是他那一頭灰白的頭髮！上次見面，我還是個二十歲的青年，因此他認不得我，他的朋友反而認得，難道艱苦的歲月，更易令人腦筋遲鈍？

一九七六、三、廿八

重逢

家人在電話中告訴我：有一位遊客打電話來找我，要我晚上撥電話去某酒店某號房給他，他會等候我的電話。問及他的姓名，家人逐個字母唸給我聽，聽了兩遍，覺得非常陌生，似乎沒有這樣一位朋友。心想：也許外國哪一位朋友託他帶個口訊給我吧？不，也許帶一件小禮物？

晚上搖個電話去，對方接聽，先寒喧兩句，似乎並非漠不相識的人。我朋友不多，外國朋友更少，從記憶中閃電般搜索，却無法找出個合適的影像來。幸而悶葫蘆立即打破。他告訴我：三年前的夏天，我們同遊意大利、希臘、南斯拉夫，在旅遊車上，他常常坐在我後面。他進一步告訴我，他是從加拿大來的。我立卽恍然，知道他是誰，因爲那次遊南歐，團裏有五位加籍人士，其中只有一位男性，原是猶太人，從事建築的。

說到猶太人，我總會想起司各脫在「撒克遜劫後英雄傳」裏入木三分的描寫和無情的嘲諷，嘲諷他們的吝嗇。正在通話的這位加籍猶太人，算是比較慷慨的了，因爲我記得，他吃糖果香蕉什麼的，往往分一些給前後座的遊伴。

我問他什麼時候離開香港，他說明天早上就要走了，希望能見到我。一個香港人，一個加拿大人，在歐遊的道上相逢，就像天空中兩隻南北飛的鳥兒偶然碰頭，分手之後，從此天南地北，難得會再次相逢，而今竟有重逢的機會，也算寂寞的人生中一段佳話，於是答應立刻來看他。

踏入酒店大堂，他便從柱後轉出來相迎。兩人相視一笑。唉，三年不見，他竟蒼老了不少，看來六十開外了，當年他給我的印象，彷彿才五十許！問他到過那些地方，他說今天整日遊新界，昨天上過太平山。問他對香港的印象，他說香港很美，比新加坡好。兩三天走馬看花般遊覽，本來就難有具體、深刻的印象。

「我們去過意大利，去過羅馬、威尼斯，你記不記得？我們去過希臘，去過瑞士，南斯拉夫，你記不記得？」他在喚起我的回憶，也許仍在懷疑我是不是眞的記得他。他還掏出一張發霉的紙片，我一眼便認出正是三年前寫地址給他的，廉價法國原子筆的墨水已微微化開。

「我記得，我們是在蘇黎世分手的；回來以後我還寫了本遊記呢。」

「遊記？爲什麼不帶本給我？你得寄一本給我！」

「算了，是用中文寫的，你看不懂。」

在酒店附設的咖啡室裏，談談彼此的近況。他明天要早起，談話未到深夜，但是深夜我仍在床上想着這次奇妙的重逢。

一九七六、四、五

那可惡的風箏

我仰臥在床上，凝視窗外的藍天白雲，呆呆的出神。

我只能看見一角藍天，鑲嵌着幾朵不動的白雲。嚴格點說，那不是藍，是一種似藍非藍，似灰不是灰的顏色，不過我們習慣上仍然算作藍天。

不知過了多少時間，也不曉得從甚麼時候開始，我忽然發覺這一角藍天上出現了兩個風箏，上下翻飛，彼此角逐。

藍天深沉似海，白雲凝重如山，風箏却輕靈翔動，飄忽往來：一會兒向上竄升，隱沒在屋簷之上；一會兒又向下溜，消失在窗臺之下。無論上竄還是下溜，不一刻又再次出現在這窗外的一角天空中。

這兩個上下翻飛的風箏，使我沉重的心情輕鬆了一點，使我凝滯的腦筋活動了一下。

我慢慢的看出來，一個是近乎全白的風箏，一個是兩色的風箏——一邊紅色，一邊藍色，像母親最近用過的一條絲巾。

風箏上竄時，像火箭升空一樣，畢直的上升，毫不猶豫，顯然放風箏的人在不斷收線。

風箏下溜時，却不是畢直的下溜，而是很有規律的打着圈圈，因爲沒有尾巴，所以圈圈打得不大；這種動作顯示，控制風箏的人正在放線。

無論怎樣，只要風箏不是一飄一蕩的向下溜，就是有生命的風箏，而風箏的生命全在一根線，一根柔弱得隨時會斷的線！

風箏有時左竄右竄，大抵是放風箏的人想改變風箏的位置，因此把控制在手裏的線轆上下抽動。我察覺得到，這窗外的兩個風箏正在戰鬪。

彩色的風箏向上竄，白色的風箏也向上竄；彩色的風箏打着圈圈向下溜，白色的風箏也打着圈圈向下溜；前者左竄，後者也左竄；前者右竄，後者也右竄。彩色的風箏在掙扎，爲維持自己的生命而掙扎，白色的風箏却一點兒也不肯放鬆，一直糾纏不休。

我心裏愈來愈緊張，不自禁的豎起了上半身，注視着事態的發展，關切着彩色風箏是否能保得一命。

我誠心誠意的祈禱，但願這彩色風箏能保得住性命，能在這有限自由的一角天空中繼續翺翔。

我恨那白色風箏，牠是一個凶厲的魔鬼，人們聽到牠的名字都會變色的魔鬼！我巴不得躍起在天空中，把那可惡的白色風箏撕得片片碎。但是，我能够麼！

一九七六、五、六

蟬

又是夏天，短命的蟬又開始歌唱了。

在模糊的記憶裏，最早的聽蟬的經驗，是在很小很小的時候。大約在抗日戰爭最後兩三年吧，爲了躲避敵人鐵蹄的蹂躪，我們輾轉回到鄉下匿居。那是一條僻遠的鄉村，很少看見敵人的影踪。村裏有條小河，就在河邊祖父擁有一棵很大的荔枝樹。荔枝成熟時，正是蟬唱得頂熱鬧的日子。因爲當時年紀小，對於這村莊的印象已非常模糊，只是隱約記得這常來遊玩的河邊，河邊的荔枝樹，以及與荔枝差不多同時出現的蟬鳴。由於年紀小，母親怕我掉進河裏，一有空便喊我回去，但是一背轉身，我又偸偸的跑出來了。

戰爭結束以後，我們遷居鎭上，這鎭上有條較大的河，我還是一放學便往河邊跑，到野外去玩。我跟着其他小孩子到處去捉蟋蟀、撲蝴蝶、捕蜻蜓，却從來沒有拿了長竹竿去樹下黐蟬，只在玩得疲倦的時候，或是熱得渾身是汗的時候，走到樹下去乘涼，聽那熱情洋溢的蟬唱。

唸中學的時候，我已經到了隣埠。校園裏有十幾棵樹，紅棉開花的時節，課堂外傳來連綿不斷的蟬聲，似乎要跟老師們爭取聽衆。到了快要畢業的時候，聽着遠遠近近的蟬唱，看看窗外盛開的紅棉，第一次發覺那連綿的蟬聲，帶有一股悲涼意味。

法國著名寓言家拉·封亭寫過一篇關於蟬和螞蟻的寓言，說是蟬足足唱了整個夏天，到北風吹來的時候，一點糧食都沒有貯藏，因此跑到隣居螞蟻家裏借糧。螞蟻問：「夏天你幹甚麼來着？」「日夜我都在唱歌。」「你唱歌嗎？好啊，現在跳舞吧！」

我們知道蟬在陽光下唱歌的日子只有幾個星期，牠不會活到北風吹來的時候。大戴禮說：蟬飲而不食。蟬是否眞的飲而不食，我不知道，不過據 J. H. FABRE 的昆蟲記所說，拉·封亭的寓言是厚誣了蟬。昆蟲記說，蟬用尖銳的吸管刺穿樹皮，吸取裏面的液汁，是螞蟻常常跑來掠奪。

據說蟬的幼蟲在泥土裏做了幾年苦工，才跑出來蛻化爲蟬，在陽光底下歌唱幾個星期。牠是熱愛唱歌的，爲了在胸腹部裝置一副强大的發聲器，使其他器官都幾乎無處安置。雖然牠的歌唱得並不好聽，有人還嫌牠聒噪，牠却爲歌唱而奉獻了自己短促的一生。

雄蟬腹腔裏有一副强大的發聲器，所以能發出響亮的蟬唱。雌蟬沒有發聲器，故此不能鳴，叫做啞蟬。

雄蟬連綿不斷的鳴唱，到底有什麼目的呢？人們猜想牠是在叫喊同伴，但 FABRE 的昆蟲記說，通常都看見蟬在枝條上排成一列，歌唱者和牠的同伴相並而坐。那裏有同伴既在身邊，還花幾個星期不歇地叫喊同伴的？

也許牠的歌是唱給他人聽的吧？但牠的歌並不好聽，有人還嫌牠聒噪，吵得心煩意亂，不得安寧呢。

有人也許會猜想：牠是唱給自己聽的。昆蟲記的作者卻告訴我們：蟬雖然有非常淸晰的視覺，一旦看見甚麼東西接近，便立刻停止歌聲，悄然飛去；然而牠卻是個天生的聾子，是沒有聽覺的，因此不受喧嘩的驚擾。你站在牠背後講話、拍手、吹哨子，牠安全無動於衷。有一回，他借來了兩枝鄉下人喜事用的土銃，裏面裝滿火藥，拿到樹下去，聲如霹靂，樹上的蟬竟無所覺，繼續歌唱，聲音也毫無變化。

雄蟬的歌唱到底有什麼目的，只好留待專家解說了。也許什麼目的都沒有，只是一種本能。不過，我看不會這麼簡單吧。

蟬在地下生活了幾年，才鑽出來，披上美麗的外衣，蹲在枝條上，彷彿什麼工作都不用再做了，渴了便把尖銳的吸管插進樹皮裏吸取液汁，就這樣活幾個星期。這幾個星期的生活，雄蟬還可以說獻身歌唱，雌蟬既不會唱，只能說陪伴歌手了。

螞蟻默默無聲，但是終日跑來跑去，好一副忙忙碌碌的樣子，因此人們往往拿螞蟻來作爲勤勞的榜樣。富蘭克林便說過：「螞蟻說教無人可及，但牠是沉默無言的。」與螞蟻之奔波覓食，沉默無言相反，蟬給我們的印象是：什麼東西都不作，儘蹲在樹枝上唱個不停。法國寓言家拉·封亭由此得到靈感，編了一個「蟬和螞蟻」的寓言，說蟬在冬天，饑寒交逼，不得不向早已貯備糧食的隣居螞蟻借糧，因而遭遇了難堪的待遇。自然，這只是寓言家的構想，蟬根本活不到多天，也不會有借糧這回事的。

蟬的幼蟲在地下生活達數年之久，是否也忙忙碌碌，我們不得而知。成蟲以後，在樹枝上唱個不休的蟬，我們連牠覓食的行動也看不到，更不要說貯備糧食了。不過，勞碌奔波的螞蟻，固然達到綿延種族的目的，樹上只願歌唱的蟬，何嘗沒有達到同樣的目的？蟬唱也許正是對短促生命的怨懟，對無聊生活的歎息，面對無可奈何的命運的一種悲鳴吧？

一九七六、五、八

窗裏窗外

窗外是燦爛的陽光；窗外是無雲的晴空；窗外傳來隱約的市聲；窗外人們活動如常。

我怔怔的坐在窗下，心靈和軀殼保持着若即若離的關係。那耀眼的陽光，那無雲的藍天，那清新的空氣，都試圖牽引我的脚步，叫我到外面去走動走動；我却渾身乏勁。

這些日子，只要躺下來，微一閉目，便恍惚看見病容滿面的母親，坐在客廳的沙發上，躺在醫院的病床上。

五月，母親第一次入醫院。輸了好幾磅血，臉色依然蒼白，還因此傳染了肝炎，又感染了肺炎，病得迷迷糊糊，眼睛比剪貼用的黃色紙還要黃，一口一口鮮紅的血吐個不停，連醫生都鄭重向我們表示，已經沒有辦法了！誰知病情急轉，眼裏的黃消退得很快，血也不再吐了；却天天吵着要出院。她告訴醫生，有個八十歲的老母要見見面，還有些很重要的事情要辦。醫生看過她的肺部X光照片和驗血報告，終於批准她暫時回家休養。

還有什麼消息更值得高興呢？我們把外祖母接來，相聚了三個星期。我攙着母親在廳裏學行，天天爲她量度血壓，心裏想：「母親的壽命可以延長兩三年了吧？」這些景象還歷歷如在目前，却又彷彿已經十分遙遠！

到了七月，病情再度惡化，只好再次送醫院。我們心裏想，經醫院用藥治療，就可以像上次一樣回家休養了。可惜這一次天不從人願了！

我生日那天，和小妹把母親愛吃的幾個小菜送到醫院去。她一看見我，便說：「今天你還來？」我心裏說：「生日更不能忘記慈母養育之恩。」這一頓午餐，她吃得很開心，胃口很好，精神也很好。誰知隔一天再看她時，精神大差，中氣大弱，話也不想說；以後便一天天沈重起來了。

母親所患的病，我們是四月知道的，她自己却並不知道。到了她要吸氧幫助呼吸的最後幾個小時，我眞想大聲告訴她說：「媽，你患的是血癌！」但我沒有這樣做。其實，她自己早已猜中七八分，第一次住院時便問過：「血裏是否有毒？」

最後的一段日子，母親往往歎氣說：「一點力氣都沒有了，哪裏還能活命？」對生命無限依戀。祖父母和外祖母，都已到八十多歲的殘年，五十多歲的母親却偏偏沒能送他們的終。人生的確難以逆料！做兒女的雖然想盡辦法也無能爲力，好兇猛的血癌！

然而，窗外的晴空，窗外的陽光，彷彿告訴我人類終有一天會戰勝癌症。

一九七六、八、廿八

窗裏的小飛蛾

窗子裏關了個小飛蛾。

牠靜靜的貼在玻璃上，不曉得躭了多久。我做完了一輪工作，牠還在那裏；我做完第二輪工作，牠飛了一圈，又回到那裏。

不曉得牠爲什麼這樣安份，對那小天地這樣留戀！

牠安安靜靜、貼貼伏伏的躲在那裏，與物無傷，像牠的同類一貫表現的那樣；只是伏得久了，偶然飛一兩轉，活動一下。

室內的人，也許覺得受了侵擾，會打開窗子，把牠驅逐出去。

我凝視着這不聲不響的小飛蛾，有好一陣子，心裏默想：牠爲什麼不飛出去？躲在這小房間裏有什麼好？是老得不想動了，還是怯於外面的茫茫暮靄？抑或對這小房間躭得久了，發生了感情？

抬頭一看，不禁啞然失笑。窗門都關起來了，牠怎麼能飛出去？牠是不懂得穿戶而出的啊。

把窗門輕輕推開，喃喃的對牠說：「去吧，現在可以飛了，外面有廣濶的天地，雖然空氣不一定清新到哪裏。你害怕那一片茫茫的暮靄麼？它是不會把你呑掉的。」

牠的脚搓了幾下，彷彿躍躍欲試，却還是躭着不動。是依依不捨呢？還是遲疑不決呢？

我在窗玻璃上輕叩兩下，柔聲說：「你好好決定吧，這是你的一次機會。」隨着我輕叩的動作，牠也振動兩下，却依然沒有飛走。

我吸了一口氣，想對着牠吹過去，把牠趕開，可是終於沒有吹；氣慢慢的洩了。

這當兒，我想起了許久以前的一件小事。

那是中學畢業之後不久，四個滿肚子委屈的同班同學，站在玻璃窗前，有的向外遠眺，有的神遊物外。不知甚麼時候開始，八道委屈、忿懣、不平、煩惱的眼光，全都投向玻璃窗上的一個蒼蠅。只見牠慢慢的爬，來而又去，去而復來。小個子姓沈的，首先耐不住，俯下頭去對着蒼蠅哼了一聲。蒼蠅不爲所動。四眼陳接着鼓氣一次，正對着蒼蠅。牠受了驚，只好飛走。四眼陳還喃喃自語：「還不把你吹走！」我輕笑一下，問：「牠冒犯了你麼？」他只是啞然一笑。

我把窗門輕輕掩上，低聲對飛蛾說：「你喜歡留就留吧，不過你失去一次機會了。」

一九七七、四、八

頭髮的煩惱

頭髮有三千煩惱絲之稱。這三千之數，不曉得是實數還是虛數？雖然許多人懷疑過，似乎還未有人以做學問的嚴肅態度，老老實實的數上一數。三千之數，雖然未知虛實；煩惱絲之稱，却是名符其實。

這頭上的毛髮，據說有保護作用，可是天冷時不足以禦寒，天熱時却悶得發癢，既抵不住迎頭一棒，更擋不住從天而降的玻璃樽。所謂保護作用，只是說說吧了。

爲了這一叢厚厚的毛髮，不論男女，得天天梳理，時時洗濯，花去不少時間。這還罷了，偏又講什麼髮型；特別是女子，髮型上更多講究。爲了使髮型更加穩定持久，於是吹風電燙，借助科學的發明。

以前一般人上理髮店，約莫二、三星期一次。要是隔得太久了，則頭髮長長，有失觀瞻，甚至貽人話柄。從理髮店出來，總是剪得短短的，頗有光潔之感；可是髮脚上一抹淡淡的靑絲，也有人不大高興，所以每逢要參與甚麼盛會，總要提前幾天理髮。

理髮，有人看作一種享受，不過，大多數人還是視爲苦事的，特別是大近視眼。一坐上理髮椅，有理沒理，先拿掉眼鏡，進入朦朧世界，然後任人宰割，不得妄動。最討厭的莫如剃面時，刀上濕漉漉的汗毛，依然揩回你的臉上。

頭髮短便難梳理，有時怒立，像一支支的勁草。雖然說壓迫力愈强，反抗力愈大，可是對付怒髮時，人們往往是加强壓迫力——採用吹風筒：濃煙過處，頭皮一陣炙痛，毛髮吱吱的叫，頭髮的憤怒便暫時平伏下來。這種暴力，幾乎得天天施用一次。

自從流行長髮，這種煩惱便減少了。以前二、三星期得去任人宰割一次，而今在長髮風氣的掩護底下，可以兩、三個月才去一次。而且頭髮長了，容易馴服，不必動輒施用暴力，所以吹風筒也許久不用了。每天梳理頭髮的時間，不到一分鐘，豈不快哉！

可是最痛快的事，許多人都和筆者一樣，沒有勇氣去經驗：把煩惱絲剃個精光，手掌親切地撫着頭皮，不曉得有多暢快，特別是剛剃光時那一陣清涼感覺，更是難以言宣。

頭髮雖無用處，却是一般人所珍惜的。梁實秋說：「出家人不用天天梳頭實在令人羡煞。有人天生的頭髮稀疏，甚至牛山濯濯，反倒要千方百計的蒐求生髮劑，即使三五根頭髮也要塗抹潤髮膏。還有人乾脆把死人的頭髮頂在自己的頭上，自欺欺人。」我想梁先生定非少年禿頭的人。把死人頭髮頂在自己頭上，我是決不肯的；但看見人家對那三五根頭髮無微不至的愛心，難免要肅然起敬。

一九七七、四、十四

第二輯

人言可畏？

春秋時代，鄭國有一首詩歌，第三章是：「將仲子兮，無踰我園，無折我樹檀。豈敢愛之，畏人之多言。仲可懷也，人之多言，亦可畏也。」爲了畏懼「人之多言」，請「仲子」不可踰園來相見。其實，古往今來不知幾許女子，爲了畏懼人言，隱瞞了自己的心事，斷送了自己的幸福。

而今香港許多女子，已經不畏懼別人的閒言閒語，自己高興怎麼樣便怎麼樣。但是有些男子，仍像古代的女子一樣，一舉一動都很小心，怕引起別人的注視，招來別人的閒言閒語；心目中有了對象，也不敢向朋友透露，更不敢向對象表示，只是埋藏在心裏，暗自偸嚐其中的甘苦，日後回味這些甘苦。

有一位朋友，已經過了而立之年，寫字樓裏有許多未婚的女同事，却不敢加以追求，不敢邀請出遊，理由是，怕其他同事看見，惹來無謂的閒言閒語；甚至與其他女子出遊，也怕給同事看見，傳揚開來，招致無謂的煩惱。因此，他一直保持獨身。

不但在終身大事上，就是在日常生活細節上，也有不少人因爲顧忌別人的閒言閒語而拘束自己，使自己的行動處處受掣肘。有的喜歡某些衣裝，因爲怕人家說他新潮而不敢穿；相反，有的怕人家說他古老，把不合時尙的衣飾收藏起來，不敢穿戴。一套正當的電影，因爲生意眼給院商加上一個黃色的譯名，便不敢看；一部好小說，因爲其中有比較大膽的描寫，便躲起來才敢閱讀。學生在課堂上不敢發問，因爲怕同學譏笑他無知，或嘲笑他愛出風頭；下課後不敢親近老師，不敢去休息室請教，因爲怕同學說他存心討好老師，求取好分數。諸如此類的例子，多得不可勝數。

相信大家都聽過祖孫二人與一匹驢子的故事；祖父騎在驢上，讓孫兒步行，人家說難爲了孩子；孫兒騎在驢上，祖父步行，人家說不知孝敬老人；兩人都騎在驢上，人家說虐待驢子；都下來走路吧，又給人嘲笑，說都是傻子。最後，祖孫二人只好把驢子抬起來走路，做了眞正的傻子。

由此可見，處處畏懼人言是很痛苦的，也是很愚蠢的。

我想，正確的做法是；只要自己的言行不傷害他人，不妨礙他人，那麼，笑罵由他笑罵，何必放在心上？只要自己的言行合乎情理，何必顧忌人言？

一九七五、五、廿一

追隨時尚

有一次和朋友們乘搭火車，在同一節車廂裏見好幾個女孩子穿着緊身的印花T恤和厚厚的斜紋布牛仔褲。一位朋友說：「我著的確涼仍覺得熱，她們著厚厚的牛仔褲却不覺得熱呢？」我不覺微笑：女孩子就有這種能耐，刮大北風可以著迷你裙而不怕冷，大暑天可以著厚牛仔褲而不怕熱！

本來，T恤和牛仔褲都是簡便的衣著，很適合穿來旅行的，但我想起近來很多人上街、上班和上學都是穿著這種衣服的。問題還不在這裏，因爲上街、上班和上學也一樣可以穿較隨便的衣著，只要公司、工廠和學校不予理會就行了。問題是：多年前就有了牛仔褲，但那時只穿去旅行或做粗重的工作；以前也有T恤，但是並不流行。

對了，問題在「流行」兩字。流行迷你裙的時候，不管是竹枝脚還是大象腿，一樣照穿，不論是半老徐娘還是老祖母，也有跟「風」的。流行喇叭褲的時候，直脚褲便是過時，無論如何不肯穿。流行長裙的時候，裙不過膝便有失斯文。不管母親如何勸告，如何責備，過時的衣裙總不能穿，否則便有失體面。

不但女的如此，男的也是一樣。襯衣時興窄腰的，西褲流行喇叭脚，舊的衣褲便只好束之高閣。皮鞋興高跟的，矮踭的便不肯穿。領帶興濶的，不够濶的便不肯結。人家流行長髮，你叫他把頭髮剪短，等於要他的命。

其實，流行的東西不一定是好的，對自己未必適合。對於「甜蜜的十七歲」的女孩，穿迷你裙更增幾分活潑，半老徐娘和老祖母便不大適合了。對於腿部有優美線條的女孩，穿迷你裙是顯露自己的優點；但竹枝脚和大象腿，穿迷你裙適足以自暴其短。對於身材豐滿的女人，旗袍可能勝於迷你裙。

男人留長頭髮，個人覺得不必拉扯上「世風日下」，不過動機是值得研究的。如果一向是討厭理髮，不勝其煩的，或是嫌理髮收費太貴，要等多些日子才去理髮的，都屬正常。若然只爲了時髦，就不大妥當。至於男人穿高跟鞋，除了矮子算有個藉口之外，其他的不過爲了時興。以前對於女子的高跟鞋，還有人覺得是摩登纏足，虐待女性，嚷着要加以解放；而今男人也自甘受虐了！

我想：我們不必故意不同流俗，但也不可盲目追隨時尚，還須有個自我。曾聽一個從香港去法國的女子說：「最討厭香港的青年男子——油頭粉面，沒有個性。」她的第一個評語只能用在少數人的頭上，第二個評語却值得一味追隨時尚的青年想想了。

一九七五、六、七

婚宴

香港是個中外人士雜居的城市，也是個中西文化交滙的地方，在婚禮上便有中式的、西式的、與半中半西的。但無論是那一種形式的婚禮，多半免不了宴請親朋的慣例。

我從小就不喜歡參加婚宴，近年來更是絕少參加，除非是至親的親戚，至熟的朋友，是非去不可的婚宴，才勉强去參加一次。

我很少參加婚宴的理由，並非不喜歡熱鬧，主要是不喜歡這種陋習，其次是不願意自討苦吃。

以前在農村裏，人生活沒有這末緊張，娛樂也沒有這末豐富，而且人口沒有這末集中，婚禮的舉行沒有這末頻密，偶然有人請一次婚宴，親戚隣里都來幫手，大家熱鬧一下，好好的吃一頓（或者不止一頓），那是很不錯的。但在人口密集的今日的香港，情況便大不相同了。一星期裏要赴三、四次婚宴，甚至同一天裏有兩、三個婚宴，並不是太偶然的事；被請的人不勝其煩，如果入息並不豐裕，還要不勝送禮的負擔，於是收到請柬時會覺得不勝其擾。請婚宴的人又怎樣呢？許多結婚的男女，本人是不願意請婚宴的，要請婚宴的通常是雙方的家長。而家長要請婚宴的，也不外下列幾種情況：一是自家高興，要熱鬧慶祝一番，而且經濟上也可以應付裕如；一是自家本來也沒有興趣，只因爲習俗上要這樣；一是不請客怕於面子上不好看；末了是男家本也不要請，只因爲女家提出的條件，故不得不請。四種情況之中，只有第一種最值得請，而第四種是最令人反感的——做父母的養大了女兒，出嫁時非取回本錢（從聘禮和酒席上取回）不可，簡直是買賣；有的還不止取回本錢，竟要乘機攫取一筆財富（例如一層樓），簡直是勒索！因此，由於付不起禮金和酒席費而娶不了人家女兒的，便常有所聞。卽使付得起，也有因心裏不忿以至親家變成寃家的。只有第一種請婚宴的請得比較愉快，但是來赴宴的却不一定愉快。這不是陋習是什麼？

其次，婚宴往往是很晚才舉行的：六時恭候，九時入席，十時才上菜。這哪裏是誠心請吃飯，簡直是請人餓肚子！開席了，伙記把碗碟一隻隻的扔過來，貴客只好自己當心。有時隔很久才上一個菜，使你等得不耐煩；有時菜剛端上來就分派給人客，接着上第二個菜，然後是第三個，第四個……使你應接不暇。因爲吃得太晚，回家時往往已經午夜，明早却要上班呢。費時失事，吃得不舒服，還要看伙記面色，是夜因爲遲睡，可能失眠。這不是自討苦吃？近來旅行結婚的人漸多，加上通貨膨脹，經濟不景，不請婚宴的人也多起來了，但是，還只是佔了少數。其實，許多人都不喜歡婚宴，爲甚麼不蹧免了呢？

一九七五、六、十

設身處地

人與人之間相處是頗不容易的，但是，如果能設身處地多爲他人想一想，那也並不困難。

雀聲得得，擾人清夢，深宵竹戰的時候，爲他人想一想，舖上一張薄毡，便可以減少隣居的磨擦。孩子弄櫈，在地上拖拉，發出來的吱吱聲，會令樓下的住客煩惱不堪；晾衣服的時候，水未擰乾，會弄濕樓下晾出的乾衣裳；這些事情，只要多加注意，就可以避免上下樓住客的爭吵。雨天搭巴士，雨傘往人家腿上刺，人家自然感到憤怒；濕雨衣往人家身上揩，人家自然覺得討厭。辦公室裏裝了冷氣，你出入永不掩門，同事自然有閒言。家人都不懂英語，你却經常要看英文電視臺的節目，那麼齟齬必生。這都是不想到他人之故。朋友明明看見你，却不打招呼，可能另有隱衷；或者心神不屬，視而不見。男友失約，可能有突發的急事。人家從來不談他的過去，可能他有一段傷心往事，你却由於好奇，諸多盤問，難免自討沒趣；人家從來不談他的家室，可能婚姻不如意，你偏偏好事，多方探索，難免招人嫌厭。自己沒有爲他人設想，反怪他人難於相處！

春秋時代管鮑之交，是人所樂道的故事。管仲與鮑叔合夥做生意，分財利的時候，管仲多分給自己一些，鮑叔並不認爲他貪財，因爲知道他貧窮。管仲曾爲鮑叔謀事，而更窮困，鮑叔並不認爲他愚蠢；管仲三次做官，都被罷免，鮑叔並不認爲他沒出色；只是認爲他時運未到。管仲曾經三戰三走，鮑叔並不認爲他怯懦，因爲知道他有老母要奉養。管仲事公子糾，公子糾戰敗了，召忽以死相殉，管仲却幽囚受辱，鮑叔並不認爲他無恥，因爲知道他不羞小節，而以功名不顯於天下爲恥。鮑叔對管仲的諒解，基於一種設身處地的了解。

對於一個人或一件事下正確的論斷，也先要設身處地的想想。譬如一個人抗賊受傷，有人會說他魯莽，有人會說他捨不得財物的損失，但實情可能是他當時受不住那種凌辱，或是因驚慌過度而生的一種反應。有些人很輕率地論斷某人不忠、某人不孝、某人能幹、某人怯懦，而實情可能是不忠的爲人所逼迫陷害，不孝的由於父母無可孝之道，能幹的實在助手之功，怯懦的實在是極度的忍讓。這種錯誤的論斷往往由於缺乏一種設身處地的體會和觀察。

許多人喜歡向人提意見，例如：現在樓價很便宜了，爲甚麼還不自己供一層？爲甚麼不去外國唸個博士學位？其實，如果有錢供首期，他老早買樓了；如果客觀環境許可，他老早拿到博士了。這些不切實際的意見，也是由於沒有設身處地的爲他人著想，而充分顯示了自己的愚昧。

一九七五、六、十三

由她去吧！

戀愛與結婚，差不多是人生必經的階段。我說「差不多」，因爲有些人是不結婚的，或結婚而未經戀愛的。嚴格點說，戀愛和結婚是兩回事：有人只談戀愛，不談婚事；有人雖結了婚，却未談過戀愛。兩兼的人，自然也有，不過這裏也有個分別：有人先談戀愛，到了成熟階段，才講婚事；也有人結婚以後，慢慢培養愛情。前者是現代人視爲正常的程序，後者在古代比較多見。

一般來說，現代人是先談戀愛，到了成熟階段，才講婚事的。因此，一般人在結婚之前，大都先嚐過戀愛的滋味，可是嚐出來的是酸、是苦、還是甜呢？却各有不同。有人嚐到了苦味，因而出之以三料自殺的下策，幸而獲救，免致造成千古的遺憾。

嚐到愛情的苦味的，有時並非由於戀愛雙方對愛情的不够堅定，或彼此思想見解的並不和協，也不是由於命運的捉弄，而是由於橫遭雙方家長或某方家長的阻撓。家長阻撓的動機有多種，其中之一是與買賣式婚姻有關的。

家中有女初長成，已經有了男朋友，而且彼此到了談婚論嫁的地步，做家長的自然高興，但是有些家長（雖然只是少數）在高興之餘，便想到大大的索取一筆聘禮，或者多索酒席，以便多收親友的賀禮。男方家裏有錢，而且樂意如數照付的，自然沒有問題；雖然家裏有錢，但不甘受人苛索的，便發生爭吵；沒有能力應付苛索的，便受到阻撓，以致婚事難諧。站在家長的立場，只顧滿足自己的慾望，而不理會兒女的幸福，這完全是由於自私的心理和貪婪的慾念作祟。爲什麼不想一想：由於一己的貪婪自私，破壞了女兒的婚事，或使女兒嫁一個負債的丈夫（因張羅結婚費而負債），這是作父母的應有的行爲嗎？

做女兒的也應明白事理，盡力規勸父母，或發動明白事理的親朋戚友來規勸父母，如果意念改變，自然皆大歡喜，否則便是貪婪自私到了極點，完全不顧女兒死活，親情還存在不存在呢？感情和責任往往是雙方面的，不是單方面的。這時可以冷靜分析雙方面的是非以及其他因素，以作愼重的抉擇。

男方該怎麼辦呢？絕對不是自殺！生命是可貴的，即使說愛情是第二生命，第二生命也不及生命本身可貴。既然沒有能力應付她家長的苛索，便要看她的抉擇，如果她選擇了父母而不是自己，甚至竟有怨懟自己無能之意，那麼，她不是不明事理就是彼此思想有別，或是愛自己不够深。在好事難諧的情況底下，你要做的絕對不是自殺，而是魯迅一首詩的最後半句：「由她去吧！」

一九七五、七、十三

失約與遲到

前天又有一位朋友失約了！原來約定晚上八時來我家送還所借的書的，結果等到九時還不見人影，於是不再等待，出門辦事去了。一直在心裏忖測他失約的原因，可是無論如何也想不出來：他不似是個吊兒郎當的人，住的地方也不遠，只在後街，與交通阻塞無關。如果臨時有事不能來，也應該撥個電話知會一下呀，但當時既沒有通知，事後也沒有電話解釋，直到第三天才差人把書送還。這說明什麼？無非是對約會的不重視！

隨便失約是一種壞習慣，所約的人等得不耐煩，心情焦急，不在話下，有時會打破他處理事情的步驟，或破壞他預定的計畫，使他大失預算，即使沒有這些影響，最低限度使他白白等待，虛耗了他的時間。只知道自己，不知有人，這是自私；只知重視自己的時間，不知重視他人的時間，這是自大的表現。偶然一次失約，或失約而能够提出滿意解釋的人，是可以原諒的。經常失約而若無其事的人，正是漠視他人的自私自大的人，是不值得做朋友的。

中學同學至今仍有往來的只得兩人，我和他們性格殊異，思想不同，與趣有別，進大學時所唸的院系不同，（畢業後所從事的工作也是性質廻異，三人多年來能够保持聯繫的原因之一，就是重視約會，沒有甚麼特別理由，從不失約，而且赴約通常都守時。

有些人很少失約，但赴約經常遲到，特別是法國人，照例遲到。遲到也是一種壞習慣，因爲同樣浪費他人的時間，也同樣會躭誤正事。舉個小小的例子，幾個人約好了趁某一班船去離島旅行，集合時間已過了，船快開航了，有一個人仍未到，等下去呢，還是不等？各人心裏的焦急，眞不好受。等到船開了，他才姍姍的出現，那時眞給他活活氣死！

記得唸書的時候，有一位女同學是遲到專家，每逢聚會必定遲到半小時以上，屢勸不改，後來有人想出對付的辦法，就是在通知她的時候，把聚會時間提早半小時。有人覺得不好，我却贊成，因爲一來不必大家每次久候她一個人，二來她有一天知道了正好心生警惕，從此改過，則大佳事，——朋友有過失則加以規諫，才是交友之道，口頭的規諫無效，只好付諸行動。

個人對於遲到的看法是：遲到五分鐘之微，可以不算遲到；遲到不足十五分鐘，仍值得原諒；超過十五分鐘，大可以不再等候；如果適值交通擠塞的時間，而所約的人是從很遠的地方來，那麼可以等至半小時。超過半小時，眞可以不顧而去了！

一九七五、七、十四

利用

如果你對一位朋友說：「請你給我利用一下。」你的朋友大概會拉長了臉孔，老大的不高興。事實上，卽使眞想利用一下你的朋友，你也不會如此這般開門見山的對他說，因爲「利用」兩字聽起來十分刺耳。

其實「利用」不一定不好，要看是怎麼樣的利用。

有單方面的利用，有雙方面的利用，雙方面的利用，就是「互相利用」。無論是單方面的利用，還是互相利用，總要是於己有利的，否則不成爲利用。互相利用，那是對雙方都有利，彼此得益，自然彼此都不反對。單方面的利用，有下列幾種情況，須得分辨清楚。利己利人，那是和互相利用沒有多大分別的，因爲兩蒙其益，分別只在前者由單方面作主動，後者則雙方面都作主動。損人利己，是自私的，討人厭的，「利用」兩字之所以惹人反感，主要原因在此。損人不利己，這不是利用，這是害人。損己利人，也不是利用，是犧牲，犧牲自己的利益，成全朋友的利益，偉大是偉大，但不屬於本題範圍。利己而不損人，也不利人，這也叫做利用，只是和利己利人相比，有所不及吧了。反過來，利人而不損己，也不利己，因爲不利己，自然也不叫做利用，只是幫助朋友吧了。

經過上面的詳細分析，我們知道利用一個人而獲致利己利人的效果，那是最佳的利用，從利益上說，被人利用的大概也不會反對；利己而不利人，但也不損人的，似乎亦可行；只有損人利己是招人厭惡、遭人指責的，是有良心、守道德律的人所不應做的。至於雙方面的互相利用，自然也是可行的。且慢，不要忘了還有第三者，上面的說法是以不損害第三者或大衆爲原則。譬如你利用一個朋友，雖然對你和他都有利，但是損及另一個朋友，這也是不可行的；又如兩人互相利用，從事販毒的勾當，雖然兩蒙其利，但是損及大衆，自然也是不可行的。

人類羣居而形成社會，利用他人或互相利用是難免的，可以說，沒有互相利用，社會的存在便受到考驗，多多互相利用，才可以發揮社會的功能。只是利用他人的時候，即使不利人，也要以不損人爲原則。

其次，利用一個人而使他蒙在鼓裏，假如他日後知道了，即使是於他無損的利用，他心裏也會覺得不痛快；因此，倒不如先讓他知道的好。反過來說，被人利用也不算怎麼一回事。被人利用而彼此得益，何樂不爲？被朋友利用，自己雖不得益，只要朋友得益，而自己無損，又何樂不爲？這只是幫助朋友吧了。

一九七五、七、十六

怵目驚心

每天打開報章，總有怵目驚心的新聞。刼殺，兇殺、謀殺、自殺、自殘等等，像走馬燈一樣不斷地上演，不斷地出現在報紙的標題上。既然出現得這樣頻密，假如不都是血淋淋的事實，那麼，讀者的腦筋可能早已麻木，說不上「怵目驚心」四個字了。

謀殺近期比較少見，而且謀殺案多少帶點偵探小說的味道，讀者的怵惕驚懼之心可能爲好奇之心所冲淡。何況，並非每一個人都有被人謀殺的價值或理由，因此對大多數讀者來說，謀殺新聞欠缺代入感；既欠缺代入感，也便減少了怵目驚心的程度。

兇殺大都含有仇怨的成份，而且許多時與某種組織有關，讀者自問沒有結下偌大的怨仇，也與該種組織毫無瓜葛，那麼，怵目驚心的程度大概也不高。雖然有人因管不住自已雙眼，而惹來殺身之禍，但那是不多見的事，不足以引起讀者的代入感。

刼案可說是無日無之，而且近年來遇刼的人動輒遭殺身之禍或見血之傷，不一定由於反抗，有時只因爲所帶的錢或屋內的財物未能夠滿足刼匪的欲壑！除了刼匪難以近身或難以入屋的某些大人先生之外，普羅大衆可說分分鐘有遇刼的機會，也就是說分分鐘有被刼殺或被刺傷的機會。因此，遇刼受傷，特別是遇刼被殺的新聞，最能引起一般讀者的代入感，也最是怵目驚心。

自殺或自殘，因爲主動掌握在自己手中，讀者自己只要並無自殺或自殘的動機，那麼這類新聞引起的大抵是惋惜多過驚懼。

可是，近月來有兩宗新聞，大大的怵人之目而驚人之心。兩宗的主角都是女人。一宗是涉嫌毒殺自己而兼及兩名稚齡兒女，幸而及時被發覺救回；另一宗是斬下自己的手而兼及兩名稚齡兒女的手掌，不幸斷掌復合的手術不成功，以致四人（連丈夫）飲恨終生。前者起因只爲使用電視機的問題而生口角，後者的動機是由於丈夫好賭。

雖然前者關連三條人命，但是後者更怵目驚心。服毒的獲救不死而血淋淋的斷掌接駁不回，只是原因之一。想到一家四口對着三隻傷殘的手，挨過那未來的歲月，眞不知他們內心有多麼傷痛，可說比死去還慘，因爲死去的無知無覺，活着的一次過受那麼大傷大痛，以後傷痛可隨歲月漸減。而今，那三隻傷殘的手以後分分秒都會觸動四顆心的舊傷疤，悠悠歲月，遺恨無窮。夫妻反目，孩子何辜？兩位母親，難道心腸眞是鐵鑄的？

一九七五、七、廿八

寂寞的一個根源

莊子徐无鬼篇有這樣一則故事：

莊子送葬，經過惠子的坟墓，回顧隨從的人說：「郢人粉刷牆壁，有一點石灰落在鼻尖上，像蒼蠅翅膀一樣薄，便叫匠石（木匠名石）給他砍掉。匠石揮動斧頭，隨手砍去，石灰全砍掉了。鼻子毫不損傷。郢人站在那裏，面不改容。後來宋元君聽到了，便把匠石召來，說：『爲我試一試吧。』匠石說：『我是可以砍的，不過，我的對手早死啦。』自從先生死去，我失去我的對手了，我沒有可與談論的人了。」

匠石的斧頭雖揮得巧，沒有站着不動的郢人，砍掉鼻上石灰的玩意還是不可以再試；莊子的思想言論雖然精妙，惠施一死，像壕梁之上那樣精妙的言辯，從此便不可得見。從上面莊子的話裏，我們深深體會到惠施死後莊子的寂寞之感。

莊子無疑是寂寞的，他的朋友很少，門徒也不多，正如朱子語類所說：「莊子當時亦無人宗之，他只在僻處自說。」連普通往來的朋友和追隨左右的門徒也不多幾個，更不要說像惠施那樣的朋友，可以在壕梁之上相與辯論魚是否快樂了。

大家都聽過伯牙、鍾子期的故事吧？伯牙善鼓琴，鍾子期善聽。伯牙鼓琴，志在太山，鍾子期說：「善哉乎鼓琴，巍巍乎若太山。」過了一會兒，志在流水，鍾子期又說：「善哉乎鼓琴，湯湯乎若流水。」後來鍾子期死了，伯牙便破琴絕絃，終身不再鼓琴，鍾子期死後，伯牙的寂寞之感，我們也是可以體會的。

讀武俠小說，每有絕頂武林高手，因找不到對手而大感寂寞。也有幷存的兩個絕頂高手，雖然一正一邪，却是彼此惺惺相惜，每十年或廿年一會，盡展自己埋首鑽研的武功，而結果仍是不分高下；倘或其中之一死了，另外一人雖然成了天下無敵的武林高手，心裏未免暗喜，但暗喜之餘，也未免覺得遺憾，因爲從此失去了對手，他的下場往往是不知所踪，可能是找個隱僻的所在，渡其孤獨寂寞的餘生，功夫也許不再練了！

我們都是平常人，既不是天下無敵的武林高手，也沒有莊子的絕頂聰明，伯牙的超卓琴技，論理該沒有像他們那樣的寂寞之感了吧？可是棋逢敵手，才有興味。棋藝不如自己，不成；棋藝高過自己，也不成。在相識的人中，找一個棋藝與自己相當的敵手，雖然並不太難，但也並不十分容易。像莊子那樣的智者會感歎沒有談話的對象，我們普通人也會感歎不易找到談話的對象。

一九七五、八、十八

結婚是一種妥協

一九七五、八、十八

世間沒有兩個人的性格、思想是完全一樣的；世間也沒有兩個人的嗜好與生活習慣是完全相同的。

兩個思想、性格、嗜好以及生活習慣不完全相同的男女，要結爲終身伴侶，打算在同一個屋頂下共同生活，共度那未來的悠長歲月，那麼，男女雙方必然已考慮過：彼此的個性是否合得來？思想是否有不可容忍的矛盾？彼此的嗜好是否能互不干擾？生活習慣是否能趨於和諧？萬一有足以干擾對方的嗜好，是否能加以揚棄？固有的生活習慣對於新生活的和諧有礙的，是否能加以改變？換句話說，在結婚之前必須考慮清楚；自己在某些方面是否能作一定程度的犧牲而與對方妥協？——自然，這是指莊嚴、自主的婚姻說的，那些不由自主的婚姻，買賣式的婚姻，另有目的的婚姻以及閃電式的婚姻（指將婚姻當兒戲，忽結忽離的那種）等不在此例。

結婚的男女，個性不同不要緊，只要能合得來。一個吱吱喳喳，一個沉默寡言，不一定不能做夫婦，只要前者未至於令後者覺得討厭，後者也未至於令前者忍無可忍。反而兩個都吱吱喳喳，或兩個都默默無言，可能會出亂子。

同樣，思想方面，一個是馬克思的門徒，一個提起馬列便咬牙切齒，當然是不能結合的。但是，一個嚮往老莊的玄遠，一個服膺儒家的哲理，這思想上的歧異，假如雙方都不以爲意，那便不相干了。

夫婦二人，一個嗜賭如命，一個視賭如仇，很可能演出斷掌的慘劇。一個無辣不歡，一個從不吃辣，早晚同餐，會有許多麻煩。如果互相讓步，吃辣的減少吃辣，不吃辣的嘗試吃辣，也未嘗不可以共同生活下去。

男的晚晚夜遊，第二天日上三竿還不起來；女的朝朝晨運，晚上一早上床。兩人的生活習慣顯然並不諧協，難以白頭偕老，除非雙方或某一方肯犧牲個人的習慣，向對方妥協。有人睡前從不洗脚，婚後不洗脚不得上床，從此便天天洗脚，這也是妥協的一個例子。

在結婚啓事上常有「我倆情投意合」的字樣，所謂「情投意合」就是「願意妥協」和「可以妥協」的代詞。在婚姻登記册上簽名，等於簽了妥協的意願書。不肯妥協的人，最好過獨身生活。不可能妥協的男女，要另選對象，簽了「意願書」而發覺並不可能妥協時，要末及早把因誤解而簽的「意願書」作廢，要末只好過那日日爭吵、忍氣偕老的生活。兩者都非我們所願，還是婚前考慮清楚吧！

一九七五、九、四

邱翁酗酒誤國？

報載：英國一位醫生指責邱吉爾酗酒，因而使第二次世界大戰拖延了兩年。該醫生說：邱吉爾每天要飲兩瓶酒，如果他不喝那麼多酒，戰爭可能於一九四三年結束。

邱吉爾被公認爲英國本世紀最偉大的政治家，也是二次大戰的英雄，如今受到這樣的指責，立刻有多人出來抗辯，代抱不平。一位曾與邱翁在國會中多次爭辯的工黨議員說，從來未見他神智不清。一位熟悉邱翁的記者說，從未在國會全體會議上見他有酒意。一位歷史學家表示：邱吉爾的飲酒習慣並不影響第二次世界大戰的結果；酒並不影響他的智力。至於邱翁的女婿則更指謫該發言的醫生荒謬與無聊。

許多人都知道邱吉爾愛好杯中物。但嗜酒是一回事，是否常因酗酒以致影響分析事理及判斷的能力，是另一回事；是否因此以致戰爭拖延兩年，又是另一回事。

邱翁是否每天要喝兩瓶酒，英國人比我們清楚，和他共事過或接近過他的人則更清楚。但這不是要點所在：只要他有此酒量，你管他喝多少瓶！其次，假如邱翁常常酗酒誤事，在英國那樣的民主國度裏，老早給人掀出來了，輪不到這位醫生今天才來揭發。退一步來說，即使當年不敢，邱翁逝世這許多年，還不早抖出來了麼？當今首相又不是他的女婿，還有甚麼顧忌的？所以，上述的議員和記者即使不出來抗議，那醫生的話還是沒有多少人信的。

要說邱翁酗酒，因而把大戰的結束延誤了兩年，這話不止太推許邱吉爾，而且太抬舉英國了。試想：第二次大戰勝負的關鍵是在邱吉爾一人的身上嗎？是英國的力量、英國的決策嗎？那醫生的言論實在荒謬。

以揭發過氣名人的秘聞來出風頭的事，在歐美常有所聞，像貝多芬、拿破崙、希特拉等，都已死去多年，但關於他們的病和死以及私生活方面，常有「新」的發現。因此，邱翁酗酒誤國的「新」聞的出現，也就不足爲怪了。

不論對哪一位偉人，我都採取比較保留的態度，對邱翁也不例外。因此，我不會由於盲目崇拜而爲邱翁辯護。我對邱翁欣賞多於崇拜，下面是他值得欣賞的一個例子。

邱翁有一次在奧納西斯的遊艇上作客，偶然談及有國寶之稱的希臘蛋糕，表示聞名已久。船王不動聲色，一面給他解說希臘蛋糕的製作過程，一面暗中派人用飛機從希臘運來。邱翁的報答是：躲起來畫了幅油畫，暗中拿去掛在船王的臥房裏，然後窺看主人發現油畫時的喜悅。

我欣賞邱翁這種「投我以蛋糕，報之以油畫」的想法和做法。

一九七五、九、五

捨短取長

每一個人都有他的優點，也有他的缺點。祇有優點，毫無缺點的「完人」是不存在的，因此，我們不要對人求全責備。

優點多、缺點少的人，是可用之人。缺點多、優點少的人，有時也是可用之人，只要用得恰當。所謂用得恰當，是指用其所長。

道理本來簡單，付諸實行並不容易，因爲甚麼人有甚麼缺點，甚麼人有甚麼優點，不是一眼可以看出來的；要假以時日，慢慢觀察，而且，要有知人之明。

知人善任，往往易於成功；否則，便會失敗。劉備善於用人，所以得天下；項羽有范增也不能用，只好自刎烏江。

但知人善任並不容易，以諸葛亮的才智，也會錯用馬謖，以至失去街亭，可見一斑。古今中外充斥着用人之所短而遺其所長的事例，正是由於知人善任之不易。

用人之所短而遺其所長，損失是多方面的，例如：重金禮聘飽學之士回來，却投以他所不擅長的行政工作，經常開會，就誤了他的研究與著述，功課只擔任一兩門，受益的學生有限，而結果行政工作可能搞得一塌糊塗，於是校方、教授以及學生，三方面皆蒙受損失。用人固須知人善任，自用也須有自知之明，捨短用長，徒然走上失敗的道路。但是自知之明猶如知人之明，同樣地不容易，因此許多人固執地做自己不能勝任的工作，結果弄到焦頭爛額，實在可惜！

人既各有長短，那麼，與人相處，便不該專着眼於他人的短處，更不該專揭他人的短處。孔子家語記載了這樣一個故事：孔子要出門，天下雨，沒有傘，弟子說：「阿商（卜商，卽子夏）有傘。」孔子便說：

商之爲人也，甚吝於財。吾聞與人交，推其長者，違其短者，故能久也。

孔子的話是對的。我只是不明白：孔子爲甚麼要揭子夏的短處，使二千年後的人，都知道子夏「甚吝於財」？

與人相處，能够欣賞他人的長處，寬恕他人的短處，對自己也有裨益，至少不必天天咬牙切齒地罵人，使日子過得不愉快，甚至自促其年壽。最討厭的人也會有可愛的地方，爲甚麼不發掘他人的可愛處？這樣，生活會覺得更順適。

做學生的，能够發掘每一位老師的長處，學其所長，捨其所短，或者進一步從另外的方面學習，補其不足，這樣才可以得到最大的益處。

一九七五、九、廿一

回顧

遊覽山水的時候，總愛提醒自己，不要忘記回顧。如果我們遊山玩水，只顧向前面看，向左和向右看，而不向後面看，便會錯過許多美好的景色。譬如早上登山，黃昏下來：登山時雖然仰觀峯上景色，但那是在朝陽照射底下的峯上景色，倘使下山時在山腰或山脚回顧，看看沐浴在夕陽中的山峯，會發覺同樣的山峯，所呈現的，景色與早上所見大不相同。又譬如走過一條山徑，前面和左右都沒有什麼可看的，偶一回首，可能發現紅日正對小徑，映照着兩旁的山石草木，景色原來是這麼美麗！有時走到一個地方，並不發覺有什麼可觀之處，但是走過以後再回頭望時，由於角度不同，或由於背景的變換，景色之美大大出乎意料之外，也是有的。因此，遊覽山水的時候永不回顧，是很大的損失。

在人生旅途上，情形也是一樣。眼前的生活，我們未必欣賞，未必感到愉快，但是若干年後回想起來，可能津津樂道，趣味無窮，正如目前回憶過去的生活一般。老朋友相逢之所以滔滔不絕，興致淋漓，正因爲大家有一段彼此熟悉的生活，回顧起來發生共鳴。老同學相逢總要談到學校生活，舊同事相逢不免談到共事時的景況，正因爲彼此在回顧時能發生共嗚。至於所回顧的過去生活，在當時未必欣賞，甚至感到厭煩、不滿，但是有什麼關係呢？過去的不快，在今天來說，可能已煙消雲散，無關痛癢；過去因現實條件的限制而未能欣賞的生活情趣，在事過情遷的今日回想起來，却可能感覺趣味盎然，嚮往不已呢。

在生活上，過去好過現在，或過去不如現在，回想起來都是甜蜜的。過去好過現在，回顧時使人心焉嚮往，恨不得時光倒流，回復過去的生活。過去不如現在，回憶起來，過去所吃的苦會變成甜蜜，因爲現在的改善正是自己努力的結果。不過，兩者相較，還是過去的愉快，回憶起來更爲甜蜜。既然如此，那麼，現在生活得愉快，將來回顧時，會更增幾分甜蜜，正如美好的風景，回顧時仍然覺得美好，甚至愈看愈覺得美好。

有人說，回憶是老年人的愛好；這話有幾分道理。年輕人喜歡憧憬未來，因爲過去的日子不多；老年人喜歡回憶過去，因爲未來的日子已無多。其實，凡有過去生活的人就有回憶，凡有值得回憶的過去的人就喜歡回憶。過去生活是愉快的，回憶起來也愉快的，這是盡人皆知的事。過去生活是不愉快的，回憶起來，也可能是愉快的，但不一定如此。當時並不覺得愉快，日後回想起來却覺得非常愉快，這是人人都會有的經驗，但許多人是不覺察的。

一九七五、十、十

如夢幻泡影

如果有人說，世界上沒有眞正的愛情，或者說，愛情如夢幻泡影，是不眞實的，一定有很多人反對，我也不會贊成。事實上，世上的確有眞正的愛情，而且許多人已經得到，而他們的愛情都是實在的，並非夢幻泡影，也不是小說家筆下的空中樓閣。但本文所談的不是這些，而是一種當事人自以爲是眞實的愛情，實際上却是虛幻的，如夢幻泡影的愛情！浴在愛河裏的人，往往是當局者迷的。愛上一個人，便全心全意的愛他，愛得昏昏迷迷，失却分析判斷的能力。是眞實的愛情還是虛幻的愛情，愛河裏的人並不自覺，原因便在這裏。

有些人特別愛才，而因愛上有才的人，是很自然的事。假如她眞正愛才，而且能够賞識他的才，而他又是眞正有才的人，她對他的愛容或是眞實的。但情形可能這樣：她並非眞正愛才，只是惑於才子佳人的故事，自以爲愛才；或者她根本沒有能力賞識他的才；又或者他的才只是普通，只因她自己無才，故此以爲他很有才。這種情形之下，一旦幡然夢覺，愛情便證明是虛幻的了。反過來，他愛她是才女，爲了愛她，不惜拋棄一切，這期間你不能說他的愛不是眞實的吧？但才女云云，只是眩惑世人的聰明伎倆所造成的印象，一旦夢醒，不再痴迷，他的愛也便證明是虛幻的了。

俗語說：「十八無醜女。」這話其實是不眞的。它的意思可能是：富於青春的女子，總帶有幾分媚力；不過得加上一個條件——如果她不太醜的話。換句話說，一個普通容貌的女子，如果青春還未消逝，本來就帶有幾分媚力。倘使她有錢，刻意打扮，講究儀態，媚力便可以達到十分。這彷彿一種幻術，可是有些男子便爲這幻術所迷，自以爲愛上她了。等到日子久了，幻術的作用減弱甚至消失，或者他已憬然而悟，明白自己不過惑於她的幻術，從此也就不愛她了。

男子都愛美色，眞正美於姿容的女人，自易爲男子所鍾愛。但只愛她的姿容，是眞愛嗎？何況歲月無情，姿容的美是短暫的。卽使這種愛算是眞愛，這種愛也是短暫的，正如水面上的泡沫，轉瞬之間便消失得無踪無影。彷彿是迭更斯的故事吧？少年時代愛上一個美貌的少女，可惜邱比特並不助他一箭，最後只好黯然而去，腦海中那少女的形象却永不磨滅。由若干年後，他們重逢了。她已不復當年的少女形象，而是臃腫的中年胖婦人，他腦海中的美麗形象也就從此消失了。這種愛是眞實的呢，還是虛幻的呢？

二十歲前後的年輕人，心目中大都有一個理想的白馬王子或白雪公主的形象。這些形象往往在夢中出現，或者在白日夢中出現。在現實生活裏，他們便有意或無意地按照這夢中的形象來尋覓對象，在親戚中尋覓，在同學中尋覓，在朋友中尋覓，在隣居中尋覓，或者在同事中尋覓，正如屈大夫所說：「路漫漫其修遠兮，吾將上下而求索。」最後尋到了相似的人，眞是一見如故，自然深深地愛上。他們是按照自己心目中的形象來尋找所愛的人，而最後愛上的只是那形象的影子。心目中的形象是會隨着年齡，環境，思想而改變的，甚至會隨着思想的成熟而消滅。心目中的形象旣已改變或消滅，那形象的影子自然不再存於心中。由此可見，這種愛情也是虛幻的。

上面所說如夢、幻、泡、影的四種愛情，當局者自以爲是眞愛，到頭來證明都是虛幻的。但這種愛情和眞愛很易混淆。此外還有一種投桃報李式的愛情，也不是眞愛。古時女子感恩圖報，以身相許，顯然不是愛情，不必多說。至於因爲她對我好，所以我也對她好，這種「好」和「愛」還是有距離的。她對我好，可能只是朋友、同學或同事之情，或者只是試驗自己的魅力，其中沒有愛的成份；也許是一種個性的吸引，依然沒有愛的意味。卽使有吧，只因爲她對我好，所以我也對她好，這種感情算是愛麼？在這階段還不算，但當局者同樣難以辨析。

又有一種所謂愛，其實只是垂涎對方的肉體，哪裏說得上愛？據說亞歷山大大帝的父親腓力王，要强迫一個並不心甘情願的女子就範，她怎麼說？她說：「噢，放了我吧：燭光滅了，女人都是一樣的！」這故事不是很有啓發性嗎？

百喻經有一個故事說：從前有個呆子，在池邊看見水底有眞金的影子，卽入水中尋覓，泥都翻起了，還是尋不到。回到岸上歇息，過了一會，水淸了，金影再次出現，於是又去尋覓，仍無所得。他的父親找尋兒子來了，看見他疲困的樣子，問起來，才知原委。父親看看水底的金影，便知金在樹上，說道：「一定是鳥兒把金子銜到樹上。」呆子聽了父親的話，爬上樹去，便找到了金子。

尋找愛情的人，如果像故事中的呆子一樣，把水底的金影當作眞金，雖然拼命翻尋，弄得疲勞困憊，依然是尋不到的。九歌的譬喻：「采薜荔兮水中，搴芙蓉兮木末。」意思是差不多的，尋找愛情的人留意了！但丁說：「愛情足以感動日月星辰。」那是說眞正的愛情，不是指上述如夢幻泡影般虛幻的愛情！

一九七五、十、十二

適當的距離

要了解一個人，或判斷一個人，須在一定的距離之內；距離太遠固然不可，太近了也不行。這一定的距離就是了解或判斷一個人的適當距離。距離分三個方面：就是空間的距離，時間的距離，以及心理的距離。

觀看一幅油畫，不能離得太遠，因爲太遠什麼都看不清楚；也不能距離太近，因爲太近只看見一塊一塊的油彩，毫無美感可言。你要欣賞它，必須保持一定的距離，這是觀畫的適當距離。畫家作畫時，往往退後幾步，然後仔細端詳，因爲他作畫時的位置，與畫的距離太近，他要退後找尋適當的距離，才能作出正確的判斷。

觀畫要有適當的距離，觀人也是一樣。距離太遠，是男是女都看不清楚，怎麼能分辨她是妍是媸？假如近在咫尺，逐分逐寸的細看，即使國色天香，也不過如是。要是再拿放大鏡來看，唉，那翦水雙眸，那櫻桃小口，那編貝般的皓齒，那凝脂般的肌膚，都會駭你一跳！有些人人都認爲美豔的女子，竟遭丈夫拋棄，取代她地位的，却是一位不及她美豔，也不比她賢淑的女子，許多人會覺得莫名其妙，其實不一定是人們距離太遠，難作判斷，也可能是丈夫距離太近，忽略了她的美豔。——當然也可能另有原因。

上述的觀人，還祇是形相上的；要了解或判斷一個人的性格、行爲，道理也是一樣。對一個人距離太遠，必有隔膜；既有隔膜，就不能有充份的了解，或作正確的判斷。劉大中夫婦自殺事件，我始終不願贊一詞，就是因爲距離太遠，隔膜太甚，覺得無謂作毫無把握的猜測。試想東西半球之隔，僅憑簡短的電訊，對一個全不認識他們的人來說，資料是多麼缺乏？要作正確的判斷，談何容易？距離太遠，不能對一個人作充份的了解，或正確的判斷，這是容易理會的。要說距離太近，也會影響對一個人作充份的了解，正確的判斷，那就不大容易理會了。

世間沒有一個人是完美無瑕的，任何人都有一些缺點，在距離太近的人看來，這些缺點不止暴露無遺，而且會誇大，掩過他的優點，正如上面說的拿了放大鏡看美人，不止不覺其美，反而駭了一跳。在日常生活中，距離最近而沒有代溝問題的，是兄弟姊妹夫婦，但他們彼此之間，不一定能互相了解，正因爲距離太近。隱約記得一句西諺，彷彿是「英雄在僕人眼中都是平凡的」。英雄的飲食穿着和睡眠，都由僕人照顧。僕人天天所見的英雄，跟尋常人一般無異，而所謂英雄氣質，英雄行徑，都給忽視了。這便是距離太近的結果。所以說，要了解和判斷一個人，須有適當的空間距離。

學歷史的人會覺得，古代史的研究十分困難，現代史的研究也不容易。除了前者資料缺乏，後者材料繁瑣的原因之外，還有一個原因：就是前者年代久遠，認識上難免產生隔膜，判斷也就不容易；後者時間距離太近，由於種種因素的影響，譬如政治思想、政黨偏見、個人感情等等，歷史的輪廓反爲弄不清楚。

對個別人物的了解和判斷亦復如是。歷史人物因時間相距太遠，了解和判斷都不容易。譬如王昭君，大家都知道是漢朝的美人，但是美成什麼樣子，便說不上來，她出塞和番，是畫師的錯還是元帝的錯？抑或誰的錯都不是，而是命運的安排？她當時的心情，是怨懟還是哀傷？抑或爲國出力而感到光榮？她在匈奴生活能否適應？對單于的感情怎樣？她的結局又如何？這一切我們都不大清楚，怎麼能作正確的判斷？我對於歷史人物的評價，一向都採取比較保留的態度，正是基於同一理由。

反過來，時間的距離太近，也會影響了解和判斷。學例不必在遠，就拿尼克遜來說，訪問北京時聲望如日中天，評價自然是最高的；曾幾何時，水門案的陰影籠罩底下，聲望一落千丈，評價已不可同日而語。其實，這兩個時期都不是了解和判斷尼克遜的最佳時刻，因爲時間的距離太近了。古人說：「蓋棺論定。」除了那是結算一生功過的時刻之外，還有時間上的距離不致於太近。尤其是政治上的重要人物，在他未退出舞臺之前，他的影響籠罩着整個劇院，這時判斷他的功過，分析他的行爲，往往會得到不正確的結論。

所以說，要了解和判斷一個人，須有適當的時間距離。

時、空的距離之外，還有心理的距離。譬如藝術家看美人，在欣賞她那形相的美和意態的美，登徒子見了，會以爲他在痴想這美人能不能追求到手。登徒子對藝術家的了解和判斷當然是錯誤的，因爲兩者的心理距離太遠。文人相輕，自古已然，爲甚麼一位文人不能給予另一位文人以應得的評價？因爲心理距離太近，會產生嫉妒之類的情緒。所以，要充份地了解和正確地判斷一個人，還須有適當的心理距離。

人是很容易感到寂寞和不平的，因爲不容易得到充份的了解和正確的評價。生疏的人固然不了解，親近的人又何嘗有充份了解。不同時的人固然難作確當的評價，同時的人又何嘗能作公允的評價。圈外人心理距離太遠，圈內人又距離太近，都會成爲充份了解和確切評論的防礙。所以古人說：「得一知己，可以無憾。」話是一點不錯的。

一九七五、十、廿一

門

賈島在驢背上得到「鳥宿池邊樹，僧推月下門」的佳句，想把「推」字改爲「敲」字，沈吟未決，一邊行一邊手裏做着「推」「敲」的姿勢，恰遇京兆尹韓愈的車駕，廻避不及。韓愈問知情由，想了一會，說：「敲字爲佳。」

到底「推」字好還是「敲」字好，仔細推敲起來有頗多講究，因此不容易論斷。本文且不說哪一個字更好，只說說那要「推」或要「敲」的「門」。

每一所房子都有至少一個門，以便出入。房子若是私人地方，便只有住在房子裏的人，才可以自由出入，外人不得擅進。這是主權問題。從這角度看來，「僧推月下門」的門，大抵是僧舍的門了，因爲僧人回歸僧舍，大可以推門而入，不用敲了；而「僧敲月下門」的門，則可能是別人家的門，所以要敲——當然，解釋作僧舍住了別的僧人，門關上了，所以要敲，也無不可。不過，這解釋不及前者自然。

門既是出入的孔道，只要把門關上，別人便不能進來——也許有人會說，可以爬窗進來，但那是捨正道而弗由，只有偸東西和偸情的人才會這樣，何況而今多是高樓大廈，爬窗而入十分危險。門旣關上，門內便是「我」或「我們」的世界，與外面的世界隔絕。人之有私生活，全靠這一道門！

但是，人還要與人交通，過社會生活，不能儘躲在門內，拒不見人。因此，我們得常常出門，也歡迎人家進門。是屋裏人，出了門，總得歸來，是外間人，進門來，也總要出去。——例外自然是有的，譬如「家」已不像一個家，出門的自是去而不顧，大可不必在門上畫影圖形，不准他再進此門，這樣徒然顯示自己沒有氣度吧了；同樣，如果眞有「家」的溫暖，新來者自然安居下去，開歡迎會倒像是多餘了！

大都市人情淡薄，隣居十年，不得一見門內景況，也不是稀有的事。這些人把門關得太緊了！「天涯若比隣」，似乎要倒過來說了！

現代都市的門，又和古代的門不同：門邊都裝了門鈴，有蟬鳴的，有音樂的，只要一按門鈴，屋裏人便來應門，不必再敲門了。走在時代尖端的現代詩人，也許覺得不該再說「敲開妳的心門」，而是「按開妳的心門」了吧？

說到心門，不少人是緊閉着的；要「按」開他們的心門，簡直比駱駝穿過針孔還困難。而奇怪的是，許多緊閉着心門的人，竟是年輕人！

一九七五、十、三十

三種年齡

所謂三種年齡，就是實際上的年齡，表面上的年齡，和心理上的年齡。

實際上的年齡並不等於身份證上的年齡，在香港人來說，兩者往往有些出入。實際上的年齡，是從生命的開始計算起，所經過的歲月。計算的方法，中外不同，前者卽現在所謂「虛齡」，後者卽所謂「十足年齡」，兩者有一、二年之差。這一、二年之差我們且不管它，統謂之實際上的年齡。

表面上的年齡是他人眼中所見的年齡。在容貌上，有些人顯得格外年輕，有些格外蒼老，在他人眼中看來，便和實際年齡有好幾年的差距。在言行上，有些人表現得青春活潑，有些人表現得老成持重，前者的年齡給人估計過低，後者則估計過高。在思想上，有些人特別幼稚，有些人比較早熟，與實際年齡不相稱，在他人眼中看來，自然也與實際年齡不相符。

心理上的年齡是存在自己心裏的年齡。有些人不理會自己的年齡，按照一貫的習慣生活和處理事情，這樣過了十年廿年，他心理上的年歲，仍是十年前廿年前的年歲。有些人剛好相反，老在感歎歲月不饒人，才到中年，便儘作晚年打算，甚且以老年人自居，表現得老氣橫秋。

三種年齡一致，是正常的現象，但我看來，不一致的也很多。

心理上與實際上的年齡不能「認同」，會產生許多稀奇古怪的事。少年人留鬍子，裝作大人；小丫頭穿起高跟鞋，欵擺柳腰；半老徐娘着迷你裙；老祖母故作天眞；是其中幾個例子。對於某些人來說，爲了「改變」自己的表面年齡，在衣著上打主意，在言行上裝模作樣，在臉上繪油畫，那還不够，幸而科學昌明，索性跑到日本去「拉面皮」。於是六十之年如三十許，誰說青春一去不復回呢？

還有口頭上的年齡，其實是心理上的年齡的一種反映。十六、七歲的少男少女，自認十八、二十，是急欲成年。廿八、九歲的女人，仍然號稱廿二，是留戀青春。至於大學裏的教授講師「發誓」晚生幾年，倒不是愧爲前輩，也不是不伏老，只是爲退休問題未雨綢繆吧了。

我在本欄說過，忘記了年齡，在人生舞臺上會有超水準的演出，那是心理年齡的積極作用，跟上述儘在表面上矯揉造作的情況有所不同。有些人年過五十，心境如二、三十歲的年輕人，工作能力和生活表現也像年輕人，正由於忘記了實際的年齡，只按照一貫的方式生活和工作，在心理上他仍然是二、三十歲的年輕人。

一九七五、十一、五

習慣

在人生舞臺上，習慣串演了一個份量不輕的角色。

睡眠花了人生三份一的時間，在這裏習慣發揮了很大的作用。一向早睡早起的人，偶然一晚遲睡，便覺眼倦神疲，腦筋不聽使喚；同樣，大清早便要起來，不大肯賴在床上，直到日上三竿；每天晨運的，更會覺得一天不去，就渾身不自在。遲睡晏起的人相反，叫他早起一天，便哈欠連連，懶洋洋的打不起精神。習慣夜遊的人，晚飯後不外出，便如熱鍋上的螞蟻，轉來轉去，不知如何是好。不慣通宵不寐的人，偶然挨一晚通宵，恍如大病，兩三天的補睡，似乎也不得復原。

五六年來，很少超過七小時的睡眠，通常只睡六小時，習慣下來，也不覺得怎樣。如果得到酣睡，也覺得精神飽滿；睡得不好或不足六小時，便覺得精神疲困。大抵習慣養成，在白天和陌生的環境，我很難入睡，要是擾攘的環境，更無法睡著，數綿羊什麼的，都沒有用。聽說有些受過特殊訓練的人，不論白天黑夜，不管任何環境，要睡便睡，要睡多久便睡多久。我很羨慕，希望也能有機會接受這樣的訓練。

向來吃慣中菜，偶然吃了一次普通的西餐，也覺淡而寡味。前年赴巴黎，在大學城飯堂裏，看見熬成墨綠色糊狀的菠菜便皺眉，生吃的小蘿蔔和生菜等，淺嘗卽止，著名的法國乾乳酪，每每原封不動；幸而新鮮的法國麵包，還算可口，因此也勉强可以充飢。但是裝慣米飯的腸胃，裝了麵包，當時雖覺飽飽的，過後　咕咕的響個不停，作有聲的抗議。一向對人家請吃飯不感興趣的，這時恍若兩人，對於中國朋友請吃「飯」，一點也不客氣了！後來腸胃和麵包熟習了，也就不再抗議，但舌頭對中國菜，還是大表歡迎。

睡眠飲食，是人生的重要部份，在這方面有深固習慣的人，便不容易適應陌生的環境。比較來說，還是沒有這些習慣的人，比較幸福，但無論怎樣，一個人總有某些方面的習慣。旣有習慣，便有束縛。習慣朝朝「嘆茶」的人，在外國大抵不會耽得久；非自己舖蓋不能睡的人，便得掮着舖蓋才去遊埠了。這樣看來，不論是良好習慣還是不良習慣，總是人生的一個束縛，而且習慣愈多，束縛愈多，習慣愈深，束縛愈甚。

習慣不一定不好，但卽使是良好習慣，也不應讓它到達根深蒂固的地步，否則你會深受束縛。而且，在思想上，有了根深蒂固的習慣，就不容易創新；在處事上，有了根深蒂固的習慣，就容易爲人所乘。

一九七五、十一、十三

人生的道路

一九五五〃十一〃十三

人生不是一條平平坦坦的直路。

人生的道路是曲曲折折的。正因爲曲曲折折，所以你看不透前程，你不知道拐過眼前的彎角以後是甚麼様子。你以爲是康莊大道，却可能是更曲折的小徑；你以爲還有好長的一段路，却可能過了這個彎角便到終點了。自然，也可能恰好相反：你以爲仍是曲折小徑，却原來是一段康莊大路；你以爲快到終點了，却原來還有好一段路程。因此，人生的前途總是令人迷惘的，捉摸不透的。許多人爲此感到苦惱，我却認爲這正是趣味的所在。假如人生是一條平坦的直路，可以一目了然，也就毫無趣味了。

人生的道路是起伏不平的。因爲起伏不平，你得步步當心，否則便會摔倒，故此許多人以爲人生是艱澀的，是缺少樂趣的，是不值得依戀的。我却以爲不然，跌倒了再爬起來，那有什麼相干？

何況，跌倒了，會有人扶你一把，安慰幾句，這正是你體驗人類的互助和關懷的機會。而且，道路崎嶇不平，你才會小心邁步，不會盲目奔馳，否則自討苦吃。這樣，才不致人人橫衝直撞。在人生的道路上走了相當路程，你會知道哪裏會有陷阱，哪裏會有絆脚石。這便是人生經驗的可貴處。

人生的道路是崎嶇曲折的，你走過的道路，隔了一段時間便看不見了，你在哪裏摔了一跤，在哪裏得過一枝美麗的花，都只能在回憶裏追溯。這減少了人生的艱澀，也增加了人生的迷離。

因爲人生不是一條平平坦坦的直路，而是曲折崎嶇的，所以你才覺得人生多姿多采。我們旅行的時候，不喜歡走畢直平坦的公路，却喜歡揀崎嶇曲折的小徑，因爲後者才是多姿多采，趣味無窮的道路。人生的道路何嘗不然。那麼爲甚麼遇到一些波折就怨懟沮喪？這些波折正是人生的姿采。毫無波折的人生，未免太枯燥乏味了！

走在人生的道路上，我們會摔跤，會迷途，因而會痛苦，會徬徨，但是請不要沮喪，更不要絕望。摔倒了，再爬起來，痛苦是一時的，也許前面就是鳥語花香的美景。迷途了，要動動腦筋，嘗試找尋正確的路途，只要尋找，總會尋到。摔倒了，坐在地上哭泣；迷途了，徬徨失措，那是一點用處都沒有的。

在悠長的人生道路上，或遲或早總會遭遇困難。我們要記取：人生的憂患是不可避免的，只不知憂患何時何日降臨吧了。明白這個道理，我們便對人生的憂患有了心理準備。憂患一旦降臨，便想辦法克服。人生的道路雖然崎嶇不平，但總能安然走過的，憂患是一定能克服的，這是我們應有的信心。

一九七五、十二、一

生活的信心

在「人生的道路」一篇裏說過，人生不是一條平坦的直路，而是一條崎嶇的曲徑；在這崎嶇的曲徑上走，須要時刻當心，否則便要摔倒或迷途。雖然儘管處處提防，仍有摔倒或迷途的時候，但是那不要緊，摔倒了再爬起來，迷途了再找尋出路。可是話說得輕易，實行起來却並不容易，非有充份的信心和堅強的意志不可。缺乏信心和意志的人，摔倒了，爬不起來，只是沮喪；迷途了，自暴自棄，只是怨懟。

走在人生的道路上，我遇見過一些人，摔倒了，只是坐在地上哭泣，或者並無哭泣，但是滿面沮喪，再爬不起來——不，並非爬不起來，而是不立心爬起來；或者爬起來了，却仍是毫無信心，只是茫茫然繼續走路，走一步算一步，那種無可奈何的絕望樣子，旁觀者也覺難堪。

現代人不少患有或患過神經衰弱。神經衰弱的成因十分複雜，我不是醫生，也不是心理學家，所以不打算在這方面詳談，而且也沒有資料詳談。但是，神經衰弱的成因之一，是對生活失去信心。對於這種神經衰弱病患者，醫藥的功效是很微的，使他恢復信心才是對症之藥，信心恢復，病也隨着消失了。可是，怎麼樣才能使他恢復信心呢？這實在並不容易，因爲信心是要自發的，是不可以灌輸的，我們只有用種種辦法激發他的信心，庶幾其中某一種辦法可以產生效果。

迷途的人有兩種：一種是自己知道迷失了方向的，一種是不自知其迷途的。前一種既然自己知道迷失了方向，只要有信心，總會尋到出路。後一種既然不自知其迷途，那末只有繼續迷失下去。旁人所能加以援助的是前一種，援助的方法是：除了幫助他找出正確的方向外，還要激發他的信心。

人性是軟弱的；當身體衰弱的時候，人也顯得更爲軟弱。自己軟弱的時候，需要別人的幫助和鼓勵：那麼，別人軟弱的時候，爲甚麼不加以幫助和鼓勵呢？

對於絕大多數人來說，人生的道路是很艱辛的。以人性的軟弱，要走完這艱辛的路程，才不容易呢，半途而廢的常有所聞。不甘半途而廢的，也難免有沮喪、失望的時候；這時會需要別人扶持和鼓勵，而信神的又比不信神的多了一種精神力量的支持和鼓舞。

爲了這個緣故，我自己雖然並未信仰任何一種宗教，却並不反對任何並不強迫人們信仰的宗教，同樣並不反對任何人信仰任何宗教，而自己也並未決心永遠不信仰宗教，因爲眞正信仰宗教的人，在軟弱的時候，更容易激發生活的信心。

一九七五、十二、三

作繭自縛

人的心理是很複雜、很微妙的，心理作用可以使我們產生超乎尋常的力量，也可以使我們受到意料所不及的困擾。

恐懼、憂傷、自疚可以致人於死，並不是近世心理病學專家冒起以後才發現的事，自古以來就已經爲人所注意及了。本文要說的並非如此嚴重的心理困擾，而是一種比較輕微的，其實算不得什麼病，但仔細想來却是一種病，足以影響學業和事業的成就，影響婚姻的成功，甚至影響到生活的每一個方面。

人是過社會生活的，與他人接觸是必然的，偶然聽到他人對自己的思想行爲有所批評，也是難免的事。如果批評是對的，應該樂意接受；批評是不對的，大可置之不理。因爲有人批評，或者只是害怕有人批評，便不敢做，不敢說，豈不是自我束縛？更甚的是，怕別人說兩句閒話，便不敢有所行動，這簡直是作繭自縛。其實，別人的閒話未必有惡意，卽使有惡意吧，只要自己的行動是正當的，理它作甚？

唸中學的時候，不曉得反切是怎麼樣的，又不敢向老師請教，因爲怕同學們笑話。其實，中學生不懂反切，算得甚麼回事？我現在發覺，大學生裏至少有百分之九十是不懂反切的，甚至有些國文老師也不懂！假如不是中學畢業那一年和朋友閒談時偶然領會了，也許我升上大學時也是一個不懂反切的大學生呢！

有些人由於顧忌別人的閒言閒語，對於自己愛慕異性同學或同事，不敢稍稍表露愛慕之忱，因而錯過了可能是非常理想的對象，只好在心裏懊悔。知道懊悔還好一點，因爲下次再有同樣的機會，可能不會錯過了。不知懊悔而只知怨懟時運或什麼的，便可能一個一個交臂失之，總不知道是自己作繭自縛！其實，異性同學或同事發展到進一步的關係，初時必然或多或少的引起了一些閒言閒語，只要不予理會，閒言自然寢息，難道爲了這些無傷大雅的閒言而放棄追求異性？可是偏有這種作繭自縛的人！

人應該有獨立的思想，自主的行爲，對於人家的意見或批評，不必諸多顧忌，對於毫無意義的閒言閒語，大可以一笑置之。膚淺的人以爲這是一意孤行、剛愎自用，其實兩者是不同的。這裏並非勸人毫無分別的將他人的意見和批評一概置諸不理，而是只接納正確的、合理的意見和批評，不正確的、不合理的都不必理會，至於惡意的中傷、無聊的閒言，更不值一顧。

這是剛愎自用、一意孤行嗎？這只是不甘作繭自縛吧了。

一九七五、十二、四

等待

人生是在無窮無盡、各種各樣的等待中過去的。小孩子等待成長，學生等待學業有成，少女待字閨中，孕婦等待臨盆，老年人等待生命的終結，諸如此類，是其中犖犖大者。此外，我們日常要等巴士，等渡輪，等朋友，等書信；繁盛地區，買東西要等；居處人稠，上厠所要等，洗澡要等；生病要等待醫生診治，申請出國要等待簽證。我們不止有各種各樣的等待，還有無窮無盡的等待，等完了一樣又有第二樣，等完了一次又又有第二次。

無論你願不願意，人生難免有等待的時候。等待時的心情，因人因事而異：有喜悅的，有痛苦的，有期望的，有無聊的，有興奮的，有焦灼的，有無可奈何的，有患得患失的。懷着興奮、喜悅的心情等待，在千千萬萬的等待中究竟只佔少數，而且可能以興奮、喜悅始而以痛苦、失望終。等情人，等好消息，該是興奮、喜悅的吧？一等再等，情人不至，好消息杳然，興奮會變成失望，喜悅會轉爲痛苦。且莫說「不」字，就是情人「未」至，好消息「未」來，也够你焦慮，够你患得患失的了！

短暫的等待那還罷了，長時間的等待更爲難堪。父母等待子女長成自立，女子等待意中人學成歸來完婚，久別的夫婦等待重聚的時刻，不知要負多少精神上的重擔！

等待意中人學成歸來，通常要三五年，祇有憑藉書函，賀咭，稍慰長期等待中的愁苦而已。本地就有不少女子，正在忍受這種愁苦。妻子等待丈夫歸來，在敦煌本韓朋賦裏有感人的描寫。韓朋遊宦，期去三年，六秋不歸，妻子思念他：「意欲寄書與人，恐人多言；意欲寄書與鳥，鳥恒高飛；意欲寄書與風，風在空虛。」刻劃了內心的懸盼與無可奈何。書終於到了韓朋手裏，有句云：「南山有鳥，北山張羅，鳥自高飛，羅當奈何。」眞是飽受等待的煎熬！古典文學裏這種題材的作品可眞不少呢。至於父母等待子女長成，則是另一種心情了。有一位朋友，結婚不久，得了雙兒女，就買了幾百股滙豐，作爲兒女的教育基金。滙豐送的紅股，則轉了兒女的名字，積貯起來，準備作爲兒女的大學教育費。才三十多歲的人，已在憧憬着自己退休，兒女自立之後，優悠歲月，度其晚年。好長久的打算，好耐心的等待！不過，這樣的人生，我總覺得有一股悲涼味兒。

等待是不可避免的。有時由於需要，我們不得不忍受等待的無聊；有時由於等待背後有個希望，使我們心甘情願忍受等待的煎熬。等待之後仍是等待，這就是人生麼？

一九七五、十二、七

闕疑

孔子說：「多聞闕疑。」這雖然是教子張求官祿的話，却包含着人生的大道理。孔子又曾經教訓鹵莽的子路說：「君子於其所不知，蓋闕如也。」亦是「闕疑」的意思。所謂「闕疑」，卽可疑的地方，加以保留，而不妄下論斷。

看了上面的話，也許有人早已覺得不耐煩了：「這些老生常談，說來幹嗎？」要知雖是老生常談，若有談的必要，則還是不得不談，正如吃了多年的飯，還是不得不吃。事實上，距離孔子二千多年的今日，我們還是常常犯了妄下論斷、不懂闕疑的毛病。

在治學方面，許多人認爲古人比今人謹愼，至少古人懂得闕疑，今人則往往妄自臆測。其實，古人也有妄自臆測，今人也有謹愼從事的，不過今人與古人不同時，所知古之淺人、妄人較少，因爲他們大部份已爲時光巨流所淘汰，而今之淺人、妄人，則因爲同時，故所知較詳吧了。

無論如何，今人治學仍然常犯妄自臆測的毛病的，大抵不在少數。例如講詩經篇義，竟有女工放工之說，正是以今例古，想當然耳！至於一般人讀古書，强不知以爲知，正是慣見之事。其實古書難讀，是人所共知的。有些地方簡直是不可解的，若然強不知以爲知，則徒然自暴其無知。有些句子雖有舊註，但解釋十分勉强；有些句子已有幾種不同的解釋，但每一種解釋都似是而非；這和「不可解」差不了多少。遇到這種情況，照舊註講解，固無不可，但加以保留，不沿襲牽强附會的舊註，也不作妄自臆測的新解，未嘗不是明智之舉。

在待人處事方面，我們也往往犯了妄自臆測的毛病。對於一個人根本並不了解，僅憑表面的印象，就匆匆妄下論斷，這是很容易造成誤解的；對於一件事情，根本未有透徹的認識，僅憑浮面的觀察，就匆匆妄下決定，這是很危險的。未充份了解，未透徹認識之前，何不闕疑？何不等到有足够資料，再來斷定？

可是，儘管知道這個道理，却不容易避免犯這個錯誤，因爲人是以自我爲中心的，對於外界事物的印象，也多半是主觀的。譬如漂亮的小姐看見一位男子凝視她幾秒鐘，以爲是貪看她美麗的儀容，甚至進一步判斷這男子是一頭色狼，其實可能只是她老想着自己漂亮，而作了錯誤的判斷，那男子不過覺得似曾相識，因此多看兩眼吧了。

我想：我們該把「闕疑」兩字，時時刻刻存在心裏，無論治學還是待人處事，都不要妄自臆測，匆匆論斷。這樣，才可以少犯錯誤，少引起不必要的誤解。

一九七五、十二、廿四

蔽

一個人聰明受了障蔽，就會見事不清，分理不明。障蔽何所從來呢？往往來自本人。人皆有所愛惡，這愛惡就是一種障蔽。愛一個人的時候，你會忽略他的缺點；憎一個人的時候，你會忽略他的優點。實際上每一個人都有優點，也有缺點，對一個人的取捨，應視其優點缺點之多寡輕重。可是，人受了一己的愛憎所蒙蔽，就會產生偏見，不能公平地衡量一個人的短長了。君主專制時代，正直的朝臣往往鬪不過諂諛的佞臣，因爲後者總是千方百計奉承君主，爭取他的寵愛，而前者則不屑爲之。人主的聰明受了蒙蔽，自然不辨正直與邪曲了。

人皆有所欲，有所欲，必有得失之心，有得失之心，則不能客觀、冷靜地分析事理、辨別是非。人爲了徼逐名利，攫取權勢，往往會喪掉理智，失去操守。歷史上不少聰明睿智之士，竟至身敗名裂，正由於聰明智慧一時爲欲念所蒙蔽。社會上許多阿諛奉承之輩，仰承主子的意思，埋沒良心，呼鹿爲馬，何嘗不是受了欲念的蒙蔽。

「不識廬山眞面目，只緣身在此山中。」這話很有意思。身在廬山，就不能辨識廬山的眞面目，原因何在？在缺乏適當的距離。人們常說：「當局者迷」，「關心則亂」。爲什麼會這樣？也是由於缺乏適當的距離。缺乏適當的距離，就不能看清楚事物的全貌。像戰國時趙括的母親那樣，把兒子的缺點看得清清楚楚，甚至上書趙王，極言「括不可使將」，實在難能可貴；一般人總會爲過近的距離所蒙蔽，而難辨是非，以曲爲直的。

「先入爲主」是造成偏見的一個重要因素。儀表出衆的人，往往先得人好感，給人良好的第一印象。其實，儀表出衆，才能品德未必出衆，反之亦然。以第一印象取人，往往大失所望。但是，不少人自始至終爲第一印象所左右，不能再作評價，這是「先入爲主」的蒙蔽。學術界常有門戶之見，對於別家學說，難以接受，也是一種先入爲主的蒙蔽。

人是以自我爲中心的，往往從自己的立場，自己的觀點來觀察和論斷事物，如此，難免會得到錯誤的印象，錯誤的結論。許多人不自知受了主觀的蒙蔽，直把錯誤帶入黃泉，好不令人感歎！

總之，人是很容易受種種障蔽而失却聰明的。避免的辦法，是頭腦保持空靈，而且多從不同角度觀察事物，判斷是非，還要常常自我檢討：我對這個人，這件事的看法，有沒有受到某種蒙蔽？

一九七六、一、四

長生

花開花落是生命的自然過程，花開不必喜，花落不必悲。——假如你有莊子的達觀，你會補上一句：人的生命亦如是。但是，有幾人能像莊子般通達呢？

看着花開花落，能不喜不悲，不算達觀，因爲你不是花，花不是你。但是，看着人的生命逐漸萎謝，你會毫無感覺麼？看着親人趨向死亡，你會無動於衷麼？眼看自己「老冉冉其將至」，也能毫不動心麼？

陸士衡歎息「親友多零落」，孔北海惋惜「海內知識，零落殆盡」，杜工部因「訪舊半爲鬼」而感慨繫之。人往往會由於親友的零落而想到自己來日無多，對生命不無依戀之情。有些人口頭上說得達觀，甚至行動上也表現得很達觀，其實只是一種無可奈何的達觀；面對生命的衰老，感到無可奈何，而故作達觀。這種「達觀」的背面，正是悲觀。

有些人是並不悲觀的，他們相信神仙的存在，相信人也可以修鍊成仙。神仙不必愁吃飯穿衣，可以逍遙於惡濁的塵世之外，這已經够令人嚮往的了，何況神仙還可以長生不死呢？最令人興奮的是，人可以修鍊成仙。此外，他們相信有一種靈藥，人吃了會不死的，成爲仙人一流人物。

根據史記的記載，我們知道戰國時代神仙之說已經興起，齊威王、宣王、燕昭王等都是相信神仙的，他們聽說海上有三神山，叫做蓬萊，方丈，瀛洲，那上面的宮闕是金銀造的，宮裏住着許多仙人，還藏有不死之藥，於是高興非常，派人到海上尋去，可惜總是沒有結果。神仙之說起自燕齊是有理由的，因爲燕齊濱海（渤海），偶然看見海市蜃樓一類的幻像，便誤以爲是神仙世界了。

方士是專門鼓吹神仙之說的人。歷代帝王受了方士欺騙的，數不勝數。帝王位居至尊，人所能享受得到的，都享受到了，唯一遺憾的是人生有涯，這至尊之位不能久居，這至高無上的權力不能長久掌握，這巍峨宮闕、子女玉帛不能久享，於是乎渴望長生不死。因爲心裏有這種欲望，聰明智慧便給這種欲望所蒙蔽，方士也就有可乘之機了。以秦皇漢武之能，居然也不例外。秦始皇聽了方士的話，派徐市率童男童女到海上去求不死之藥，是大家熟知的故事。漢武帝在位數十年，也求仙求了數十年，不死之藥却始終得不到。

神仙之說是荒誕的，長生是不可能的，但是自古以來不少人醉心於神仙之說，鑽研長生久視之術，也不斷有人尋求不死之藥，結果當然是一一失望。今天，科學發達到這個地步，不會再有人發這個夢了吧？

一九七六、一、廿二

益壽

人生匆匆數十寒暑，學習階段已經佔去二十年，睡眠時間又佔了三分之一，此外還須爲衣食奔波，剩下來可以建功立業或享樂的歲月實在無多，因此人們都感到人生短促，而苦於無可奈何，正如古詩所云：「浩浩陰陽移，年命如朝露。人生忽如寄，壽無金石固。萬歲更相送，聖賢莫能度。」英雄一世的曹孟德，也有「人生如朝露」的感歎；雄才大略的漢武帝，也情不自己地歎息：「歡樂極兮哀情多，少壯幾時兮奈老何！」

既有感於人生短促，長生不死和延年益壽的要求，便隨之而興。人能够長生不死，自然是最理想的；在這種大欲望的蒙蔽底下，許多人都相信神仙之說，連秦皇漢武也積極尋求不死之藥了。但是服藥求仙的人儘多，却不見有眞能長生不死的，於是便有人覺悟了，古詩云：「服食求神仙，多爲藥所誤，不如飲美酒，被服紈與素。」也有人仍然心存信念，不過認爲修鍊之士，須視乎氣質，不是人人可以學得的，嵇康便說過：「夫神仙雖不自見，然記籍所載，前史所傳，較而論之，其有必矣；似特受異氣，稟之自然，非積學所能致也。」長生既不可得，於是退而求其次，尋求益壽延年的辦法。與嵇康同作竹林之遊的阮籍便說：「

獨有延年術，可以慰我心。」

　　延年益壽的一個主要方法便是服藥。據載籍及口傳，有延年之效的藥還眞不少呢。嵇康與山巨源絕交書說：「又聞道士遺言，餌朮黃精，令人久壽，意甚信之。」據說飲菊花酒也可以令人久壽；陶淵明「愛」菊，也似乎與延年之想有關，「採菊東籬下」，正爲了釀製菊花酒。這些暫且不說，値得一說的是魏晉人所服的五石散。五石是紫石英、白石英、赤石脂、鍾乳、石硫黃。五石之外，還有人參，白朮等配藥。（五石與參朮同服，令人訝異。）始服五石散的是魏尙書何晏。巢元方諸病源候總論引皇甫謐云：「近世尙書何晏，耽好聲色，始服此藥，心加開朗，體力轉強。京師翕然，傳以相授，歷歲之困，皆不終朝而愈。」孫思邈千金翼方亦云：「五石更生散，治男子五勞七傷，虛羸著床，醫不能治，服此無不愈」五石散之被視作強壯劑，彰彰明甚。但魏晉南北朝，服五石散的人極多，難道都有勞傷之疾麼？千金翼方云：「五石護命散，治虛勞百病……久服則氣力強壯，延年益壽。」一般人相信參、朮可以延年益壽，固不待言；本草於石英、石脂、鍾乳諸物，每云益精、益氣，補不足，令人有子，久服輕身延年。由此可見，魏晉人服五石散，除治病強身外，還相信有延年益壽的功效。自迷幻藥流行以來，許多人都說五石散是中國古代的迷幻藥。但從藥性、服藥目的及服藥後的反應看來，五石散絕不同於迷幻藥。

一九七六、一、廿六

盡年

長生是生命的無限延長，益壽是生命的有限延長。無論是有限的延長還是無限的延長，都是憑藉人力延長天所賦與的壽命，衝破自然的節制，有奪造化之功的嫌疑；在一切都信天、任天的人看來，這是不大妥當的。但延長壽命乃人之大欲，許多人都不肯輕易放棄，於是有聰明的人提出「盡年」之說。這盡年之說，既迎合一般人延年的欲望，又與自然無所扞格，故大受士人歡迎。

莊子養生主云：「緣督以爲經，可以保身，可以全生，可以養親，可以盡年。」錢澄之說：「盡年者，修短皆盡其所受，不致中道夭也。」換句話說，就是要享盡天所賦與的年壽，不使中道夭折。怎麼樣才可以「盡年」呢？要「緣督以爲經」。身後之中脈曰督，所以郭象注云：「順中以爲常也。」簡單說來，就是不與外物相忤，不動喜怒哀樂之情。

竹林七賢裏的阮籍嵇康，都是崇尚老莊的。阮籍發言玄遠，口不臧否人物，嵇康說他「與物無傷」，但他見禮俗之士，喜作白眼，幸得司馬昭維護，才免於禍。母親死了，他能繼續與人圍棊；賭棊之後，飲酒二斗，擧聲一號，嘔血數升。可見以阮籍的修爲，也未能達到

「哀樂不能入」的境界。他與人繼續賭棋時，喪母的哀痛只是暫時壓抑下去，並非無動於衷，他只是「抑情」，而非「化情」。

阮籍是不大相信延年之術的，嵇康却認爲神仙雖非積學所能致，但若「導養得理，以盡性命，上獲千餘歲，下可數百年」，是可能的，因此著「養生論」，提出「修性以保神，安心以全身」，使「愛憎不棲於情，憂喜不留於意」，務求達到「曠然無憂患，寂然無思慮」的境界。事實上，他也能做到喜怒不形於色；王戎說：「與嵇康居二十年，未嘗具其喜慍之色。」這種修爲着實不易。可是，喜怒之情雖不現於容色，却偶然見於辭色，一言得罪鍾會，種下了殺身之禍，養性服食的功效還未得見，便已中道夭折！

試將一根細繩隨意丟在地上，必然曲而不直；既有曲折，繩子兩端的直線距離便相應縮短；把繩子拉直，自然恢復原來的長度。人生也是一樣：種種波折，種種喜怒哀樂之情，把壽命縮短；人若達到「曠然無憂患，寂然無思慮」，達到「哀樂不能入」的境界，也許眞能享盡「天所與之年」。但是，人生沒有波折就沒有姿采，毫無愛憎憂喜的人生形同槁木死灰。朋友，你喜歡多姿多采的活五十年，還是槁木死灰般過一百載？

一九七六、一、廿五

不分青紅皂白

常常聽到一句罵人或者抱怨他人的話，就是「不分青紅皂白」。青與紅，黑與白，本是鮮明對比的顏色，視力正常的人，是沒有理由把兩者混淆而分辨不淸的。但是，這只是對視力正常的人而言，聽說有些色盲的人是分不出靑與紅的。自然，「不分青紅皂白」這句話，用起來的時候，往往是比喩的意思居多，是指人善惡不分，是非不明的，因爲眞眞正正連黑與白、青與紅的顏色都分不出來的人，到底並不多見。

色盲的人無能力分辨青紅，社會上也往往有人顚倒黑白，不止有人，而且往往大有人在。賈生在弔屈原的賦裏早就說過：「世謂隨夷爲溷兮，謂跖蹻爲廉，莫邪爲鈍兮，鉛刀爲銛。」隨是卞隨，聽說湯要把天下讓給他，他也認爲可恥，故此投水而死。夷是伯夷，武王滅紂，他和叔齊便隱於西山，不肯食周粟。跖是盜跖，蹻是莊蹻，據說都是古時的大盜。卞隨伯夷，被指爲混濁，盜跖莊蹻，却被說成淸廉，怎不叫人嘆息呢？莫邪寶劍，却說是鈍的；鉛刀質軟，却說是利的。豈非顚倒黑白？賈生弔屈原，猶之乎自弔；文章裏許多牢騷話，却不能視之爲牢騷話而一笑置之，因爲世間實實在在不乏這種情形。

自己本來有能力分辨青紅皂白，却因人人所說與自己所見不同，由於信心不足，終於放棄自己所見而追隨他人，也是有的。或者自己本有分辨黑白的能力，却不會運用，而以耳代目，人云亦云，終至黑白顚倒，也是有的。呂氏春秋早就說過：「夫得言不可以不察，數傳而白爲黑，黑爲白。」（察傳）可見以耳代目的危險。

有些人淸淸楚楚知道孰青孰紅，孰黑孰白，並非分辨不淸，也不是信心不堅，誤聽人言，只因別有用心，所以硬是指白爲黑，以青作紅。爲了遂一己的私慾，或者爲了迎合主子的意思（也許自以爲迎合主子的意思，而其實不然），不惜故意顚倒黑白，錯亂青紅，這兩種人最是討厭，也最是可恨。

還有一種不分青紅皂白的人，旣非自己沒有分辨的能力，也不是以耳代目，誤信傳言，而是迫於形勢，不得不隨口附和，指白爲黑，以青作紅。主子指着鹿說，那是馬，他也只好附和說，那是馬。這種人最是可憐！

所以，同是不分青紅皂白，情形却相當複雜，有如上述。朋友，你遇見不分青紅皂白的人，何妨進一步分析一下，到底他是那一種人？若是眞正糊塗，大可一笑置之；不得不隨聲附和的可憐虫，也大可不理；若是別有居心，那就要提防了！

一九七六、二、廿一

理想的數目

報載：印度旁遮普省政府擬硬性規定，今後夫婦生育子女以兩名爲限，若生下第三名，則夫或妻入獄一年，兼罰款二千盧比；若生下第四名，則須再入獄三年，兼罰款五千盧比。雖然這項決定，尙須待中央政府核准，才能生效，但省政府竟擬施用此覇道的手段來節制生育，則人口膨脹的威脅之大，亦可以想見了。

目前世界上有好些國家，都爲人口過度膨脹而感到煩惱。解決這問題的辦法，似乎只有兩個：一是提倡節育，甚至如印度旁遮普省政府所計畫的强迫節育；二是從人口密集的城市移民到地廣人稀的地區。自然，移民政策也有鼓勵與强迫的分別。政府雖然鼓勵，大家不感興趣，那是枉然。强迫執行，必然怨聲載道，而且確有弊端。何況只管移民也不是辦法。若任由人口繼續迅速增加，終有無地可移之日。雖然有人想過移民到星球去，但到目前爲止，這仍然是漂渺得很的幻想。因此，人口過多的國家，對於節育這個辦法，還是最感興趣。

提起節育，一般人以爲一對夫婦生育一雙兒女，最理想不過，超過兩個便太多。因此，近來常常聽到「兩個就够晒數」的宣傳語句，而印度旁遮普省政府也擬規定，一雙夫婦只准生兩名子女。其實，從任何角度來看，兩個都未够數！在人口問題嚴重之際，一雙夫婦只准生一個孩子也無話可說，何況是兩個？但那是無可奈何，說不得理想不理想。

前一陣子聽到的是：「一個嬌，兩個妙，三個吃不消，四個斷擔挑。」所謂「三個吃不消，四個斷擔挑」，大抵是從家庭經濟方面着眼。但從這角度來看，問題已經不簡單。如果家庭環境不好，一個都吃不消，兩個就更不妙了。但環境過得去的，養育三個孩子跟養育兩個孩子，沒有太大的分別。若是環境很好的，那末，四個五個甚至六個七個，何足道哉？這樣說來，豈非有錢人就有子孫昌盛的特權，窮人只好乖乖的作「家庭計畫」了？這樣看來，若以節制人口爲目的，這口號就叫得不大響了，因爲卽使窮人紛紛接受家庭計畫指導，人口膨脹的壓力得以減輕，目的雖然達到，達到目的的手段，却並不叫人心悅誠服。接受指導的人，也並不承認兩個是理想的數目，只因爲自己窮，姑且「打住」吧了。其實，勸人家作家庭計畫的人，不一定全都衷心認爲兩個便足够的吧？就連那歌兒的作者本人，也可能並不衷心認爲兩個就够妙，只爲了要寫一隻合用的歌兒，隨便說說吧了。

有一位朋友，前幾年才生得一個女兒，便宣稱不再要孩子了，弄得父母乾着急。因爲對中國人來說，繼承香燈總是要緊的。有一次我權充說客，他却有他的理由。他說，人口過剩是當前世界的嚴重問題，一雙夫婦生一雙兒女，表面看來人數似乎並未增加，其實是增加了，因爲下一代生出來，上一代還未死。一個人由出生以至能生育下一代的時候爲止，不過二三十年，而現在一個人的壽命通常能達到六七十歲。因此，要世界人口不再增加，一對夫婦只生育一個孩子便够了。我佩服他爲大局着想的胸襟，却對他的說法並不服氣，但當時腦海裏一片模糊，一時想不出反駁他的數字根據，只是期期以爲不可。當然，他並未給我說服，但前年却添了一個男孩，也許是由於父母日日「耳提面命」，這才放棄了自己的成見吧。

我當時雖想不出反駁他的數字根據，回家以後却想到了。他只看到片面而看不到全面，只看到我們生下兒子，兒子又生下孫子，我們還未死，到了曾孫要出世時，我們才棄世。死去兩個，又增加兩個，世界人口便維持不變了。他却沒有想到，兒子生下孫子時，我們雖然還活着，我們的父母却可能看不到了。同樣，我們生下兒子時，我們的祖父母也可能看不到了。一般家庭以三代同堂的居多，到第四代出世時，第一代便離開，第五代出世時，第二代便離開。因此，理論上兩人生育兩人，方才可人保持世界人口不變，兩人生育一人，人口就逐漸減少了。

但只是理論上這樣說，實際上兩人生育兩人，人口必然減少，人口必然減少，因爲有人染病夭折，有人意外死亡，有人不育，有人獨身不婚，如果發生戰爭，便更多人死於戰禍了。故此，只生兩個兒女，實在並不够數。

父母有喜歡男孩的，有喜歡女孩的，若前者生下兩個都是女兒，後者生下兩個都是男兒，那怎麼辦？只有繼續生育第三個。若以中國人來說，傳宗接代是挺重要的，無論如何要有兒子，如果只有兩個女兒，自然不能就此罷休，即使已有一兒一女，仍覺心有不足，因爲萬一有個三長兩短，那怎麼辦？自然是多一個方才「保險」了。

據兒童心理學家研究的結果，發現兒童在成長的過程中，某一個時期喜歡同性的玩伴，討厭異性，某一個時期，却又喜歡異性的玩伴，討厭同性。家中只有一個孩子，會養成孤僻的性格，固是衆所週知；家中有男女孩各一，自然是好一點，但仍未够理想。理想的子女數目，該是二男二女吧？自然，負責解決人口問題的專家，一定是不同意的。

一九七六、三、卅一

借箸代籌

下午天色忽然陰暗起來，薄薄的霧籠罩了港九。一天的工作做完了，便和朋友在高樓上喝茶觀霧。

透過薄薄的霧紗，仍可看見遠處的山巒屋宇，只是輪廓不太清晰。我不喜歡濃霧，因爲人在濃霧中會有迷失的感覺，而且會感到一種無形的壓力，彷彿要透不過氣來。我喜歡薄霧，因爲薄霧像一層輕紗，給景物添上了矇矓的美。

把椅子轉過去，面對玻璃外的霧景，斜靠着放茶具的桌子，天南地北聊起來。

由於世界人口增加到四十億，報上出現了幾則報導，我們的話題也慢慢的轉到這上面來。忽然想到某國種族歧視和黑白衝突的嚴重性，也想到這問題和人口膨脹及提倡節育的關係。

也許由於自己眼光短小、胸襟狹窄吧，總覺得無條件反對種族歧視的言論是不切實際的；但是，一同觀霧的朋友也有同感。基本上，這個種族和那個種族的人是應該平等的，不應該有所歧視；但是，這個種族沒有文化、沒有教養，而且許多人好食懶做，不守法紀，自然要受別的種族歧視了。

霧愈來愈濃，但遠處景物的輪廓還依稀可辨。朋友把霧景讚了幾句，接着說，他妹妹居住的地方靠近黑人區，外出回來發現全家的東西不見了，只好趕快另覓居處。這種故事我已經聽過許多，也不覺驚訝。朋友又說，許多黑人只收救濟金，不肯工作，因此成爲國家的負累。我們覺得，就以該國來說，黑人受白人歧視，不是毫無理由的。唯一解決問題的辦法，似乎只有趕快好好加以教育。

但是，不同種族的人，卽使文化水平不相上下，也還是不能毫無介蒂地共處的，彼此必有隔膜，也難免發生磨擦。一個不分國界，沒有種族隔閡的大同世界，是一個美麗的遠景，但這是我們和我們的子孫都不及看見的。

霧一步一步逼過來，視野愈來愈小，遠處的景物逐漸隱沒了。我想到該國白人普遍實行節育，而黑人却以幾何級數增加，這樣發展下去，白人將無立足之地。這不是無中生有的空想，而是不久將來便可見到的情勢。朋友也附和此說。作爲該國的白人將何以自處？姑且借箸代籌，提供如下辦法：一是鼓勵黑白聯婚，若干年後國民便不分黑白，亦黑亦白，種族問題也不存在了；一是在非洲或甚麼地方買一塊地，把黑人全送過去，以後不許入境，或在境內劃出數省，給黑人落籍，以後楚河漢界，互不侵犯，這樣黑白衝突也可以消弭了。

霧愈來愈濃，我們結束談話離去，不再管它黑白問題了。

一九七六、四、三

清明節

今年清明節並未下雨，却也沒有猛烈的陽光，太陽偶然露露臉，也只是散發出柔和的光線，欠缺炙人肌膚的熱力。

香港人口密度高，雖然有人害怕擠擁，清明節拜山並不選擇正日，寧可提早或延遲，但選擇正日去拜山的還是不少，相信會超過半數，因爲這一天是公衆假期，對於全家一齊出動的人，是一個比較方便的日子。

清明節是生者祭死者、悼念死者的日子。現代人受了科學的洗禮，不一定相信人死去之後有知，也不一定相信人死會變鬼，更不一定相信鬼能饗用人的祭品，但清明節人們還是紛紛去掃墓，去獻上祭品，謨拜一番，表面看來似乎有點虛僞，其實不然。

人若相信人死變鬼，雖然人鬼殊途，到底人死後還有個存在，況且有時人鬼也可以會面，可以交談；這樣，死者的親朋，心中雖然哀痛，似乎還不及相信人死後形神俱滅的人。因爲前者心中認定死者依然存在，只是換了一種存在的形式；不止存在，而且可能知道思念他的人心中的哀痛。對方既然知道自己心中的哀痛，這哀痛之情也就減輕了。後者因爲不承認人死後還有另一種形式的存在，只覺死者一下子消失得無影無踪，而且不再有知覺，這樣，心裏的哀痛就無從減輕。這好比一個人滿肚子委屈，却沒有訴說的對象。但是，這種無可奈何的哀痛，却可藉着拜祭死者而略略減輕。對於這一類認爲人死後形神俱滅的人來說，拜祭死者的行動，可以說是一種自我的安慰，而並非虛僞，也說不上思想與行動的矛盾。

香港人拜祭死者有兩種儀式：一種是傳統的，用元寶香燭燒酒燒肉等等東西，燒得墳地上香煙嬝嬝，紙灰亂飛，作兒孫的，又拜又跪；一種是西化的，只用鮮花一束，人也不拜不跪，只是鞠躬。既然只用鮮花一束，自然不用帶許多東西，也不用燒冥鏹，既省錢省力，又不會弄得滿地黑灰。從現代人的眼中看來，後者似乎勝於前者，但墳場上却是旣插香燭又插鮮花的多，只插鮮花不插香燭的少，主要的原因自然是傳統觀念未能改變，但是不是還有別的原因呢？

墳場上眺望，偶然看見一座墳上插着兩朵黃菊，墳前端端正正立着一位少女，一連串鞠躬之後，舉起右手把垂在額前的頭髮掠起，再次鞠躬，又掠頭髮，然後背過身去，略一眺望，回過頭來，又是鞠躬，掠髮，鞠躬，掠髮。最後要離去了，走了幾步又回來鞠躬、掠髮好幾回，才終於離開。這少女雖然流露着徘徊依戀之情，但逗留在墓地上的時間比其他人都短暫，因爲除了鞠躬便無事可作。

一九七六、四、十

桂河橋畔

看過電影「桂河橋」的人，除了記得那首口哨吹奏的主題曲外，當不會忘記那些盟軍戰俘所受的煎熬吧？雖然只是電影，經過藝術的渲染，却無損其眞實性。據說當年建築那條二百五十哩長的泰緬鐵路，有一萬六千餘名盟軍以及大約十萬名亞洲工人喪失。「桂河橋」電影只是反映第二次大戰期間日軍這項血腥暴行的一些片斷吧了。

據外電報導：前盟軍戰俘及日軍星期一（十月廿五日）在一起作走過桂河橋的「友誼之行」，但是三十年的光陰並未能完全洗刷對第二次世界大戰中一幕有成千上萬人喪生的煉獄的痛苦回憶。

據說：在灰暗的天色中，四十二名前日軍與十名盟軍戰俘，一起走過該條狹窄的二百碼橋樑。十名盟軍戰俘包括七名澳洲人，兩名美國人及一名英國人。一名澳洲人說，英國、澳洲及荷蘭的戰俘協會是抵制這次與日軍聚首的。

盟軍戰俘參加的人數這樣少，自然有人要表示遺憾，彷彿當年在此受盡煎熬而至今未死的戰俘，全來參加這次「友誼之行」，與當年虐待過他們的日軍，並肩携手走過那用血汗建造起來的橋樑，這樣才能顯示出人類偉大的「恕」道，才算上演了一齣完美無瑕，博得世人讚歎的好戲。

對於這次參加日本人對桂河橋寃死者追悼會的四十二名前日軍，我們不想責備，過去的暴行已經成爲過去，今日知道悔過總比終無悔意的好，祇希望他們眞的是懺悔而來，而不是來演一齣好戲。

至於三十年悠長的時光仍未冲淡舊日的深仇，因而拒絕前來參加這次聚會的前盟軍戰俘，在某些人看來，度量似乎狹隘一點，未得「恕」道的精神，却是人性的自然流露。我們從小孩子上學的時候，便開始接受教導，要寬恕別人的過失，寬恕我們的敵人。寬恕別人的過失容易，寬恕自己的敵人也不難，假如別人的過失與自己並無密切關係，那敵人也並未對自己造成太大的傷害的話！試想想你能輕易寬恕殺害你父母的兇手，强姦你妻妹的强徒嗎？設身處地的想過以後，來談論寬恕之道不遲。

我們並不反對寬恕，主張報復，並不認爲把仇恨永記於心是對的。可是你爲那些過去的戰俘們想一想：桂河橋畔有多少戰友的寃魂？那桂河橋給他們多少痛苦的回憶？經過三十年時光的冲洗，恨意也許已經消滅，不在面前的敵人也許亦已寬恕，但要他們在這傷心的橋上與虐待過自己，傷害過無數戰友的人並肩走過，作什麼「友誼之行」，若非大聖大賢，就是渾渾噩噩了，再不，就是爲了演一齣好戲吧了。拒絕參加橋上「友誼之行」的韋納，只站在混濁的河畔，爲當年寃死的夥伴祈禱，才是人性的正常表現。

一九七六、十、卅一

「老少名女人」

這是本報上星期刊出一幀圖片的標題。圖片說明是：「下個月將屆十五歲的羅馬尼亞女體操員柯曼妮星期六晚在法國里維拉表演後，獲得摩納哥王妃嘉麗絲姬莉賀吻。柯曼妮是本屆滿地可世運會的女子體操皇后。」

圖中人自然就是這一「老」一「少」的兩位名女人。她們面面相對，彼此凝視。「老」的凝視對方眉宇之間，彷彿羡慕或妒忌對方的青春，也許在追憶自己過去的光輝。「少」的眼睛微微下垂，凝視對方的鼻端，彷彿對這位今日的王妃表現出不敢「平視」的禮貌與尊敬，也可能是對這位昔日顚倒過衆生的明星充滿好奇，要從這美麗面龐的中心點看出一點眉目。這是一個美麗的鏡頭，難怪美聯社無線電傳眞的工作人員不肯放過。

論年紀，她們好比一雙母女。她們都瘋魔過千千萬萬衆生：一個是在許多年前，在銀幕上顯露超凡絕俗的美麗和高貴的氣質；一個是在短短幾個月前，憑她在體操上超羣出衆的技藝。後者擁有青春，目前仍然埋頭苦練，並在各地表演，可以說前途無限，看了往往使人從現在想到未來。前者擁有尊榮富貴，可是眼看美麗隨着歲月逐漸消逝，在人們腦海中的印象也逐漸淡忘了！

青春不能長駐，美麗會隨着歲月消失，這是美人最大的恐懼，也是人間無可避免的憾事。美人遲暮之令人惆悵，原是無分古今中外的。「美人自古如名將，不許人間見白頭」，不曉得到底是幸還是不幸。生命短促，固然是不幸，但給人間留下最美好的印象，免了美人遲暮的惆悵，未嘗不是不幸中之幸吧？

美人之所以能顛倒衆生，全在一個「美」字。美麗必須憑藉青春，失去青春也就失去美麗。因此，「年輕」、「貌美」往往連用，而且「年輕」往往擺在前頭。遲暮美人失去青春，也就失去顛倒衆生的條件，於是黯然失色，不再受人注目了。所以美人即使不早夭，她的下半生也是不受人注意的。西施完成使命之後，據說復歸范蠡，同泛五湖而去；昭君出塞和番，據說死在匈奴；她們的暮年，有誰關心過來？玉女時代的伊利沙白泰萊，在人們的腦海中，是怎麼樣的一種印象？到了玉婆時代，又是怎麼樣的一種印象？且不說印象如何，儘管與李察波頓離離合合，鬧出許多新聞來，她受人關注的程度，也大不如前了。就以嘉麗絲姬莉來說，雖然貴爲王妃，養尊處優，由於垂垂老去，當年的美麗形象，也早已給人淡忘了。其實，體操皇后到了年華老去，不能再獻技的時候，境況還不是差不多？遲暮之令人惆悵，不限於美人啊！

一九七六、十一、四

人生苦與樂

與朋友在公園閒談。

他的一位堂兄最近忽然病逝，逝世前幾天，他們還一起去過新界呢。朋友因此感慨人生的無常，心裏悶悶不樂，在家讀了幾天佛經。

我們的談話因此從人生的無常扯到人生的苦與樂。

人生到底是苦？是樂？朋友認爲人生痛苦多，歡樂少，許多人有同樣的見解；我却沒有認眞衡量過，大概是覺得不可以衡量吧？

全是痛苦或全是歡樂的人生大抵是沒有的；卽使有，也不是一般人的人生。一般人的人生，總該有苦有樂。到底是痛苦多呢？還是歡樂多呢？要看是什麼樣的人和什麼樣的人生。

有人終日營營逐利，有人不擇手段爭權，有人千方百計求名。這逐利的、爭權的、求名的，不曉得要花多少心思，擔多少心事，費多少力氣，才能達到目的。在逐利、爭權、求名的過程中，也許要經歷許多痛苦。而達到目的時，只得到短暫的歡樂。因爲人的欲念無窮，短暫的滿足之後，又要追求更多錢財，更大的權勢，更高的聲名了。卽使就此心滿意足，但爲了保有既得的名利權勢，也要花許多心思，擔許多心事，費許多力氣呢。這一來，又不曉得要有多少痛苦了。至於花了心思，擔了心事，費了力氣，仍然達不到目的，那心裏頭的痛苦，就更不用說了。

金錢是一般人都愛的，即使並不愛得過份，既有物質生活的需要，也就不能免於求取金錢所帶來的痛苦。爭權不限於政客，工商界以至文教界，即使是小小蝸角般的圈子，也爭得頭崩額裂。爭權則勾心鬪角，難免要帶來痛苦。至於最難免於求名之累的，則是知識份子。光是名，利，權勢，已經給人生帶來不少痛苦。

公園裏一對一對的男女，有的喁喁細語，有的彼此調笑。看他們那歡樂的樣子，誰說人生苦多過樂？但愛情是一顆這樣的果子——你不喫到心裏，不知究竟是苦還是甜！即使吃到甜的果子吧，成家立室，生兒育女之後，是家庭的歡樂多呢，還是煩惱多呢？放工回家時兒女迎於門叫喚爸爸時的喜歡，是不是可以補償養育的劬勞呢？儘管有人說「家」即是「枷」，世間還是自願擔枷的人多，出家的人少。

公園裏這位朋友，曾與另一位朋友相約日後出家，自謂年已四十，要說眼前就出家，還未捨得呢！因此十分佩服多才多藝的李叔同，以三十九歲的盛年，毅然放下如日中天的事業，做了弘一大師，而且竟然選擇了最刻苦的律宗。

說到弘一大師，我不禁想起有人對我說過，像李叔同這樣享有過愛情、名譽、金錢的人，覺得不外如是，毅然出家並不困難。如果是未曾享有過這些東西的人，心裏未免有所遺憾，要出家就比較困難。我和公園裏這位朋友，都持不同的看法。正當沐浴在愛情之中，毅然捨棄所愛的人，決不是一件容易的事。正在文化藝術界開始大放光芒的時候，要毅然退出，歸於寂寞，也不是一件容易的事。

至於家財愈多，則愈難捨棄，也是顯而易見的。像李叔同這樣，正閃耀着生命光輝之際，忽然拋下一切，遁迹空門，難道眞是「徹悟」人生的痛苦、無常？人皆難免一死。在我來說，要勘破名繮利鎖，比較容易，至於權勢，更不在乎，但勘破生死，最是難能。不止我，許多人都如是，這從古今人的作品，也可看出一二。公園裏這位朋友，近日之所以怏怏，正由於堂兄之忽然病逝。千古以來勘不破生死而大感煩惱的，比比皆是。

將死視作人生一大解脫的人，該是認定人生痛苦多而歡樂少的人。然而所謂「解脫」，也不過是一種無可奈何的說法，說來自我慰解吧了；要不然，爲甚麼他們也怕死呢？

把生視作「附贅懸疣」，把死視作「決疻潰癰」的人，似乎十分通達。若照這種看法，則生不如死，他們爲甚麼還要活下去呢？

眼看青春消逝，身體機能日益衰退，固然會感受到痛苦。大小疾病的折磨，也是很少人可以避免的痛苦。此外還有寂寞。

從來不會感到寂寞的人，相信是很少有的。孤獨可以產生寂寞，但寂寞不一定由於孤獨，儘管衆人在你身邊熙熙攘攘，寂寞之感依然可以侵襲你。有時寂寞是在熱鬧之後產生，譬如參加晚會之後回家，有些人只會感到疲倦，有些人心靈上却像暴風雨前一般虛空得難受。在他們來說，晚會的熱鬧，不過像石塊投入死寂的湖中，漾起一絲絲漣漪，湖面不一會就回復平靜，湖心裏却多了一片石塊。

人生不如意事十常八九，既不如意，就會產生痛苦。從這角度看來，人生也是痛苦多、歡樂少了。但從另一面看，既然知道人生不如意事十常八九，則不如意事的發生，該是意料之中。既在意料之中，當可以減輕痛苦，甚至不感到痛苦了。可惜這是哲人的感受，而不是一般人的感受。

歡樂的感受很快便過去，痛苦的感受却歷久不衰，這更助長人生是痛苦的看法。

一九七六、十一、廿四

記憶的濫用

人有許多時候需要運用記憶，在學習方面尤其如此。活到老，學到老，人生需要不斷學習。學會的東西能夠記住，才是自己的；忘記了，也就得而復失。不斷的得而復失，你說多麼遺憾！人所能記憶的東西有限，要想毫無得而復失的遺憾，是不可能的。不過，記憶力較强的人，可以得到較多的學習成果，而且保持得較爲長久。在學習的過程中，同樣需要記住一些東西；所以，撇開其他因素不談，記憶力强的人，在學習上是勝人一籌的。

然而，同一空間，不能同時容納兩種以上的物質；有限的空間，只能容納有限的物質。同樣，我們的腦袋，也只能容納有限的事物。因此，在記憶的運用上，我們必須有所選擇：要記住有用的東西，不要記無用的東西；這樣才不致浪費腦力。

甚麼東西是有用的，甚麼東西是無用的呢？對於國文科的學生來說，一般常用字的音義和用法，一些常用的詞語或成語，基本的語法知識及修辭知識等等，是有用的，要記住的，因爲這些與他們的閱讀和寫作能力有密切的關係。

至於韓愈何年何月生、何年何月死，蘇軾做過甚麼官等等，正所謂「吹縐一池春水」，與他們何干？背得出韓愈的生卒年，就能寫出好文章麼？隨口說得出蘇軾做過甚麼官，就能讀懂蘇軾的文章麼？雖然了解作者的生平，有助於欣賞及分析作品，但是有些東西，知道一個大概就是，不必一一強記下來。背誦作者生平之類，是濫用記憶，浪費腦力，不止無補於語文學習，而且有所防碍。以有限的腦力，去強記無用的事物，猶如以有限的寶貴空間，去貯藏無用的廢物，實在是非常可惜的。

有些人以能背康熙字典自豪。在我看來，他們是既可佩又可憐：可佩的是他們那過人的記憶力，可憐的是那個人的記憶力因濫用而浪費。假如記憶力強也算是聰明的話，他們可以說是聰明笨伯。

一間房子時時留下寬裕的空間，就可以隨時容納新的東西。我們的腦袋，時時保持空靈，也就隨時可以容納新的事物。假如平時塞滿了不必記的事物，等到遇着需要記的事物時，就會覺得難以入腦。記憶力特強的人，猶如一間特大的房子，所能容納的東西，自是比一般房子多得多；可是，如果隨便堆置廢物，也總有堆滿的時候。因此，就算是記憶力特強的人，也不要濫用自己天賦的能力。

一九七六、十二、十

忘記

人的一生，有許多東西需要記住，也有許多東西需要忘記。可是，人們往往只注意前者，而忽略了後者。

人自出生至老死，要不斷的學習，不斷的與人交接，而且要處理許多事情。無論學習還是待人處事，少不免要運用記憶。記憶力强的人，便處處勝人一籌。因此，人人希望能增强記憶，而教人「怎樣增强記憶」的專家，也就應運而生。

然而，無論多强的記憶，也總有個極限。要不浪費腦力，又必須選擇强記的對象：值得記的東西才記，不值得記的東西不要濫記。腦袋裏塞滿了無用的東西，再要裝有用的東西也裝不下了。因此，頭腦常常保持空靈，才更方便吸收新的東西。

不過，記憶往往是不由自主的：要記住的東西記不住，不要記的東西却記了下來。爲了保持頭腦的空靈，這些不自覺地記了下來的而毫無用處的東西，是需要忘掉的。此外，一些有用的記憶，過了時之後，會變成無用；這些已經變成無用的東西，也需要忘掉。

人生難免有痛苦的經驗；痛苦的經驗往往留下痛苦的回憶。雖然說從痛苦的經驗中可以吸取教訓，但痛苦的回憶似乎沒有長久保留的必要。忘掉痛苦的回憶會生活得更愉快。

人生還有許多事情需要忘記。譬如唐且對信陵君說：「事有不可忘者，有不可不忘者。人之有德於我也，不可忘也；吾有德於人也，不可不忘也。」這是其中一個例子吧了。

可是，我們的腦子是有怪癖的：要記住的東西偏不容易記住，要忘掉的東西也偏不容易忘掉。强迫自己忘掉某些東西，似乎比强記更難，許多時簡直驅之不去，使你無可奈何！要在短時間內加速忘掉某些東西，那就難之又難！

我到書店去買書，常常留意要找一本教人怎樣加速忘記的書，可是只能偶然見到一本教人怎樣增强記憶的書，教人怎樣忘記的書一本也沒有見到過！

增强記憶固然重要，促進忘記也不能說不重要：因爲忘却舊的，才能吸收新的；忘記無用的，才容易記住有用的；忘掉痛苦的經驗，才能減少痛苦的感受。可是，世間只有教人怎樣增强記憶的專家，却沒有教人怎樣促進忘記的專家；書店裏只有教人增强記憶的書本，却沒有教人加速忘記的書本。世間難道竟沒有這個方法麼？

一九七六、十二、十二

孤獨

在漫長的人生旅途中，難得沒有孤獨的時候。一個從來不會感到孤獨的人，大概是一個不會思、不會感的人吧？

當你獨處的時候，你不一定會感到孤獨。你也許正在工作，正在讀書，正在看報、看電視、聽音樂，全神貫注，心靈充實，悠悠自得，沒有孤獨，沒有空虛，沒有煩惱。然而，孤獨感的產生，却往往在你孤單獨處的時候，特別是過獨居生活的人，在午夜夢廻，或夜深不寐，起來繞室徘徊的時候。你會覺得茫茫宇宙，竟沒有一個可以互通情思的人。不要說互通情思，連可以聽你一吐胸中塊壘的人也沒有。也許，此刻你根本不需要與人互通情思，也沒有甚麼要傾訴，只要有個人在旁邊，能了解自己的心意，儘管彼此默然相對，你也不會感到孤獨。可是，此時此地，你身邊有這樣的一個人麼？

人與人互相了解，是非常難能的事。父子不能互相了解，夫妻不能互相了解，朋友不能互相了解。同一景物，從不同的角度拍下照來，固然拍不出一模一樣的照片，即使從同一角度拍攝，也不一定能拍出一模一樣的照片，因爲鏡頭的操縱、菲林的大小等等可能有異。人的互相了解也是一樣，兩個人對同一事物，很難有相同的看法，相同的感受，因爲彼此的處境不同，生活經驗不同，教育背景不同；即使能做到「設身處地」，也不過達到假設的「處境相同」而已。所以，兩個人對同一事物的看法、感受，能達到大致相向，應該心滿意足。對某一事物的看法和感受與自己大致相同的人，還不至於太過難得；對每一事物的看法，感受都相同的人，那就不止難得，簡直是妄想了。對某一事物的看法和感受與自己大致相同的人，雖然並不太難得，但在特定的某時某地來說，却也非常難得。人與人要達到互相了解，至少對事物的看法和感受大致相同才成。這樣看來，要遇到能了解你的人，實在並不容易，經常有一個了解你的人在身邊，那就更無可能。

因此，任何人都會有感到孤獨的時候。這孤獨的感覺，可能在你孤單獨處的時候出現，也可能在大庭廣衆之中出現，因爲雖然有許多人在你面前，却沒有一人能了解你的內心，這時候孤獨的感覺還是會出現的。

可是，在我想像之中，人生最孤獨的時候，是在面對死亡之際，因爲這時任何一個在生的親友，都無法充分了解你的感受，而走向死亡的路上，是沒有伴侶的，每個人都要孤獨地經歷死亡。

一九七六、十二、十五

專家的話

這是個專家的時代。社會愈進步，則分工愈細，專家的重要性，也就愈來愈大。到了今天，我們的生活細節，幾乎沒有一樣與專家無關了。

你所住的房子，你廚房裏用的電器用具，你廳裏陳列的各種傢俬，你睡的床褥，你穿的衣服，你代步的交通工具。哪一樣不是經許多專家研究設計造成的？

身體有病，自然得看醫生。內外全科的醫生，已經愈來愈不吃香。那末，什麼醫生才吃香？是專家，眼、耳、鼻、喉、腦、心、肝、肺等等，全有專家。總有一天，我們有病要先到斷症專家那裏去請求斷症，然後到有關專家那裏去診治；肺科專家不理你的胃病，胃科專家不理你的腸病，正如現在眼科醫生不理你的壞牙，牙科醫生不管你的鼻炎一樣。

各人體質略有不同：某甲缺乏維他命A，某乙要多吸收維他命B，某丙則需要鐵質；我們可以到專家那裏診斷，然後拿了報告到營養專家那裏去請示意見，每天的菜單，得依從營養專家的建議。

總之，發展的趨勢是，我們的一切都要倚賴專家。專家的話，不可不聽——專家的話，絕對不能懷疑，因爲他們是專家。

不止個人需要每事求教於專家，大公司也得聘請專家。置業公司要重估資產，得聘請專家；巴士公司要發展業務，也得諮詢專家。

各種各樣的專家，愈來愈多；專家的話，愈來愈權威；專家的收費，却絕不便宜——因爲他們是專家，而且，非如此，不能顯示專家的身價。

專家的話怎見得愈來愈權威呢？專家說，食鹹魚會生癌，於是鹹魚的銷路受到影響。專家說，臘腸用硝過量會引起癌症，於是臘腸的銷路也受到影響，這還不足以說明麼？

專家的話爲什麼不容懷疑呢？因爲專家有專門的知識與技能，你懷疑只因爲你不是專家，你不懂！你說某時裝設計專家的傑作不好看，那是因爲你不懂；儘管衣服只是前面開一個洞，後面開兩個洞，那也是專家的嘔心傑作。你住的地方假如靠近山坡，只要專家說那山坭沒有傾瀉的危險，你就不必驚慌——萬一山坭傾瀉，那只是天意。專家說你的房子值一百萬，就是值一百萬，你說不值，只見得你自己膚淺。至於要求解釋爲什麼值一百萬，就更顯示自己的膚淺，因爲那是「藝術」！

一九七六、十二、廿五

突破

報攤上擺着一本雜誌叫「突破」。

這令我想起，不曉得什麼時候開始，常常聽人說着「突破」兩字。人受着種種限制，却不斷努力，尋求突破。

幸而人有這種不斷尋求突破的精神，人類的生活才不斷改進。可以說，這種尋求突破的精神，正是文明進步的原動力。

每一屆的奧林匹克運動會，總有好些項目突破前人的紀錄。這些突破，對於人類社會的文明進步，似乎沒有什麼作用，其實正是維持和鼓勵這種突破精神。

人靠兩條腿走路，無論多快快不到那裏去，於是出現了會縮地之術的左慈；人只能在地面上走，不能飛天遁地，未免遺憾，於是出現了雷震子、土行孫；人縱高躍低，不過幾尺，心有不甘，於是創造了一個觔斗翻出十萬八千里的猴人。這些雖然都出於小說家的想像，却反映了人類要突破空間限制的渴望。

在小說中，我們可以見到無所不知、無所不能的人；世間任何事物，難不了他們，甚至將來發生的事，也可以預知。小市民愛讀這種小說，因爲在現實生活中所受的種種限制，在小說中給突破了；雖然突破的不是自己，却也有一種代人的快感。

年壽有時而盡，這是古今中外人士都感到無可奈何而無法突破的限制，强如秦皇漢武亦不能例外。在幻想中，這種限制自然也給突破了；相信得道成仙的故事，誰都可以說上幾個吧？

這些時、空、知、能上的限制，在現實生活中雖然不容易突破，甚至不可能突破，但這種突破的欲望，想像和精神，却使人循另一種方式不斷地突破。人不能在九秒鐘內跑完一百公尺，却發明了一小時走一百公里的汽車。人不能飛天遁地，却發明了飛機和地下車。人不能以肉掌開碑裂石，却可以把花崗石炸得稀爛。同樣，嫦娥奔月和唐明皇遊月宮的構想，在太空科學家不斷努力研究底下，也終於實現了。

人總得要死，這大限是人最渴望能突破的。雖然具有科學頭腦的人，認爲這是痴心妄想，而事實上，千古以來不少修煉之士，也證明了他們的努力只屬徒勞，不過仍有科學家在殫精竭慮地日夜研究。除此之外，人最渴望的，大概是預知未來了，因爲預知未來則可以趨吉避凶，也可以取富貴如反掌。世間據說有這種人，不過只是傳聞吧了。這種突破，恐怕不是科學研究所能爲力的吧？

一九七七、四、二

畫屏金鷓鴣

杜魯多夫婦終於宣佈分居了。

他們之間的矛盾是：瑪嘉烈不肯「循規蹈矩」的做總理夫人，而杜魯多却是總理。「酒店夜訪歌手」，「與滾石同飛紐約」，經過傳播媒介的渲染，在一般人的印象中，她自然不是「循規蹈矩」的「總理夫人」了。

從整個事件看來，三十年的年齡差距，似乎與問題無關。問題出在，她受不了「總理夫人」的生活框框。

作爲一個總理夫人，她有許多應酬，她得整天裝出一副看似誠懇而實非由衷的虛僞笑臉，跟這個握手，向那個問好。

她受不了這種生活；她要尋找自我。

尋找自我的方向，對於旁人來說，無所謂對與不對；只有尋找的人自己，才知道對與不對。

作爲杜魯多的夫人，她有無做過什麼令他難堪的事，我們不得而知，也不必多管閒事。

令我感到興趣的，只有一事：她爲什麼受不了「總理夫人」的生活？

王國維人間詞話評溫韋詞，有句云：「畫屏金鷓鴣，飛卿語也，其詞品似之；絃上黃鶯語，端己語也，其詞品亦似之。」溫飛卿詞的確像畫屏上的金鷓鴣，精美華麗，奪人眼目，却欠缺個體的生命與自我的感情。在瑪嘉烈・杜魯多眼中，「總理夫人」的生活，也許正像「畫屏金鷓鴣」，儘管有不少人嚮往、羨慕，她自己却受不了。她寧取「絃上黃鶯語」。所以她訪問古巴時，穿T恤牛仔褲；在墨西哥國宴上，大展歌喉；參加白宮官式晚餐，只著短裙。她還參觀滾石樂隊錄音；幷且手持相機，到處獵影。這一切顯示出，她不願意再做畫屏上的金鷓鴣。

瑪嘉烈只想作杜魯多夫人，不想作總理夫人，而杜魯多却是總理，所以他們只好宣佈分居。

可是，她雖然不再作畫屏上的金鷓鴣，却仍然是金魚缸裏的金魚，無論游到那裏，總逃不過人們的注視。儘管魚缸裏有些水草或什麼的，可以躲上一躲；但只要有所活動，也就隱蔽不了，一擧一動之微，都逃不過人們的眼睛了。我不曉得她喜不喜歡這樣。有些人是很喜歡的，巴不得自己能像金魚缸裏的金魚，搖頭擺腦，游來游去，一擧一動都受人注目。不過，你不喜歡這種生活而又擺脫不了的話，那就會覺得很煩厭了。一旦掉在金魚缸裏，是不容易脫出來的。

一九七七、四、六

第三輯

細柳新蒲爲誰綠

唐人吟咏楊玉環事迹的詩很多，杜甫的「哀江頭」便是其中十分傳誦的一首。「哀江頭」詩是唐肅宗至德二年春間杜甫被安祿山拘留在長安時寫的。長安城東南，有流水屈曲，叫做曲江，開元年間，加以疏鑿，成爲遊覽勝地，唐玄宗和楊貴妃常常來此遊玩。而今詩人偸偸地來到曲江頭，却是景物依舊，人事全非。面對今日的蕭條，回想當年的繁華，物是人非的感慨，國破家亡的哀痛，不禁油然而生。原詩第一節如下——

少陵野老呑聲哭，春日潛行曲江曲。
江頭宮殿鎖千門，細柳新蒲爲誰綠？

好一句「細柳新蒲爲誰綠」！旣寫景，又抒情；旣是寫實，又運用了想像；寫景寫得眞實貼切，抒情也很有深度。

浦起龍引劇談錄說：「曲江入夏，則菰蒲葱翠，柳陰四合，碧波紅蕖，湛然可愛。」「菰蒲葱翠，柳陰四合」是夏日曲江的實景，「細柳新蒲……綠」則是春日曲江的實景了。柳是細柳，蒲是新蒲，蒲柳本曲江所有，著一「細」字，一「新」字，點明了季節，寫景是多麼眞實，用字是多麼貼切！

「細柳新蒲……綠」是寫景，加「爲誰」兩字便是抒情。爲什麼呢？蒲柳在春天欣欣然「綠」起來，這是自然的生機，並不「爲誰」，詩人却偏要問一句「爲誰綠」，顯然是覺得蒲柳之「綠」應有其所以「綠」的目的和對象。然則目的是什麼呢？對象是誰呢？先讀衞風伯兮第二章：「自伯之東，首如飛蓬。豈無膏沐？誰適爲容！」古人說：「士爲知己者死；女爲悅己者容。」這詩中女子便是因爲丈夫離開了家去東征，故有「叫我爲誰來美容」之歎，而不修飾打扮，由得頭髮亂蓬蓬了。同樣，「哀江頭」的作者覺得曲江的蒲柳是應該爲了取悅常陪天子來遊樂的貴妃才「綠」的。可是而今天子已幸蜀，貴妃已縊死，「江頭宮殿鎖千門」，此情此景，蒲柳是不該再綠了！可是蒲柳像往年一樣又綠起來，豈非無情？韋端己詩：「無情最是臺城柳，依舊烟籠十里堤。」兩位詩人生出類似的感慨。

其實，蒲柳本來無知，自也無情，那管你國家的興衰，人事的浮沉？有情的是詩人。詩人往往藉無情的草木，宣洩胸中所蓄的深情，這是移情的寫法，也是一種常見的文學技巧。不過杜甫這一句「細柳新蒲爲誰綠」，既精練，又無斧鑿痕，既寫實在之景，又蘊涵着深厚的感情，的是佳句！

一九七五、六、廿一

繁與簡

張戒歲寒堂詩話說：「楊太眞事，唐人吟咏至多，然類皆無禮。…惟杜子美則不然。」底下將杜詩哀江頭與白居易長恨歌作一番比較，然後讚美杜甫說：「其詞婉而雅，其意微而有禮，眞可謂得風人之旨者。元白數十百言，竭力摹寫，不若子美一句，人才高下乃如此！」是否因太眞配至尊，詩人吟咏其事，便須「溫柔敦厚」，不得「以兒女語黷之」，不在本文討論範圍。但長恨歌的刻劃盡致，與哀江頭的含蓄蘊藉，實在各擅勝場，白居易未必便不如杜子美，張氏大歎「人才高下乃如此」，實在大有斟酌餘地。

詩文的寫作，有繁有簡。繁未必便不好，簡未必一定好，要視乎需要。嘮嘮叨叨的文章，的確使人煩厭：但水滸傳寫武松打虎，大作文章，洋洋灑灑一大篇，却沒有人說它嘮叨，正因爲有此需要。假如水滸傳寫道：「武松乘着酒意，赤手空拳把大蟲打死了。」也就索然無味了。水滸傳寫武松打虎，描寫生動，酣暢淋漓，所以人們津津樂道。長恨歌寫楊太眞事，也是刻劃盡致，酣暢淋漓，所以人們爭相背誦。

古代的文章家都很重視簡潔，務求要言不煩，否則被譏爲小說之流，要受輕視的。但韓

（愈）柳（宗元）所推重的司馬遷，在史記中有細緻的描寫，譬如「酷吏列傳」寫張湯，一開始便寫他幼時的一個小故事：

其父爲長安丞，出，湯爲兒守舍。還而鼠盜肉，其父怒，笞湯。湯掘窟得盜鼠及餘肉，劾鼠掠治，傳爰書，訊鞫論報，并取鼠與肉，具獄磔堂下。其父見之，視其文辭如老獄吏，大驚，遂使書獄。

這雖是張湯幼時的小事，却很能顯露他的思想和性格，作者就此加以渲染，能使讀者得到深刻的印象，故此並未浪費筆墨。

著名的史論家劉知幾也認爲「敍事之工者，以簡要爲主」（史通敍事），因此穀梁傳所記：「季孫行父禿，晉郤克眇；衞孫良夫跛，曹公子手僂，同時而聘於齊。齊使禿者御禿者，使眇者御眇者，使跛者御跛者，使僂者御僂者。」被譏爲繁冗，認爲「禿者」以下諸句，作「各以其類逆」便足。可是劉氏又給後人批評說，這樣簡是簡了，神情却不生動了！

由此可見，簡不一定勝於繁，實在是兩者各有需要，該繁的繁，該簡的簡。而無論繁也好，簡也好，都是作者才力的表現。這種才力，不限於文字技巧，也包括思想、識見。

一九七五、十、一

推敲

賈島作詩，刻意推敲，曾因神遊詩府，致衝京尹，隋唐嘉話記述如下：「賈島初赴舉京師，一日，於馬上得句云：鳥宿池中樹，僧敲月下門。初欲作推字，練之未定，不覺衝尹。時韓吏部權京尹，左右擁至前，島具告所以。韓立馬良久，曰：作敲字佳矣。遂與爲布衣交。」

爲甚麼作敲字佳？觀隋唐嘉話上記載，韓愈未加解說。我們且來推敲一下。

詩句所寫僧人的動向，有兩個可能：一是訪友，一是歸舍。如是前者，當以敲字爲佳，因爲月下訪友，友人舍門該已關上，推不動了，敲字較合情理。如是後者，當以推字略佳，因爲月下歸舍，大抵是散步歸來，在寺院或僧舍附近散步，卽使是晚間，門亦不必關；歸僧輕輕推開月下虛掩的門，正與上句「鳥宿池中樹」（一作池邊樹）的靜境相符。再者，既要敲門，則必有應門的人，敲門人並不孤獨；若是推門，則僧人可能獨居，縱非獨居，歸僧獨自推門而入，不勞應門之人，孤獨的意味仍然較重。這樣，「鳥宿池中樹，僧推月下門」，正好成就了「孤寂」的意境。

究竟是「僧敲月下門」（訪友）好呢，還是「僧推月下門」（歸舍）好呢？讀過全詩的人也許正在冷笑：這還用多問？全詩云：

閑居少隣竝，草徑入荒園。鳥宿池邊樹，僧敲月下門。過橋分野色，移石動雲根。暫去還來此，幽期不負言。

題目是「題李凝幽居」。從題目及全詩看來，自以訪友爲合，亦卽敲字爲佳。但不可不知，作詩往往詩成而後擬題，甚至先得佳句，其後足而成篇，也是有的。唐才子傳記李賀「旦日出騎弱馬，從平頭小奴子，背古錦囊，遇有所得，書置囊裏。凡詩不先命題。……上燈，與食，卽從婢取書研墨，叠紙足成之。」可以爲證。上引隋唐嘉話所記，亦謂「于馬上得句」，卽賈島當時所得，只此兩句。因此，我們大可以單就這兩句來推敲，不必理會全詩及題目。若就「題李凝幽居」詩來說，自以敲字爲佳，顯而易見，賈島當年也不必推敲得這樣苦了。

單就這兩個詩句來看，「僧敲月下門」則有聲，與上句「鳥宿池中樹」的岑寂，成鮮明的對照，且萬籟俱寂之際，忽傳敲門之聲，彷彿打破岑寂，却更加突出岑寂。「鳥宿池中樹，僧推月下門。」寫僧人月下散步歸來，推門而入，顯得一片孤寂，推字換上敲字，寫僧人月下訪友，寂則寂矣，却並不孤，至少他還有友可訪，有門可敲呢。朋友，現在想想，是推字好呢，還是敲字好呢？

一九七五、十一、七

「推敲」的附會

劉餗隋唐嘉話記賈島初赴擧京師，於馬上推敲詩句，誤衝京兆尹韓愈車騎事，實在大有可疑之處。

王定保唐摭言有類似的記載：「元和中，元白尙輕淺，島獨變格入僻，以矯浮豔；雖行坐寢食，吟味不輟。嘗跨驢張蓋，橫截天衢，時秋風正厲，黃葉可掃。島忽吟曰：落葉滿長安。志重其衝口直致，求之一聯，杳不可得，不知身之所從也。因之唐突大京兆劉棲楚，被繫一夕而釋之。」摭言所述與嘉話所記有點不同：第一，賈島驢上得句而非馬上；第二，得「落葉滿長安」句而非「僧敲月下門」句；第三，其神遊詩府是求聯句而非練字；第四，唐突大京兆劉棲楚而非韓愈。

至宋計有功撰唐詩紀事，則兩說並存，先說騎驢（已非馬上）賦詩，不覺衝大尹韓愈，然後說：「或云吟落葉滿長安之句，唐突大尹劉栖楚……。」旣用「或云」，顯然作者認爲一件事的兩種說法。至元辛文房撰唐才子傳就不同了，先記唐突大京兆劉栖楚事，然後說，「後復乘閒策蹇訪李餘幽居」云云，兩種說法變成兩件事，並編定先後，又附會詩題添上「

乘閒策蹇訪李餘幽居」等語，距離事實愈遠了！

唐書卷一七六賈島傳云：「島字浪仙，范陽人。初爲浮屠，名无本，來東都。時洛陽令禁僧午後不得出，島爲詩自傷。愈憐之，因教其爲文，遂去浮屠，擧進士。當其苦唫，雖逢値公卿貴人，皆不之覺也。一日，見京兆尹，跨驢不避，謼詰之，久乃得釋。累擧不中第」雖未指名劉棲楚，但唐突兆尹事，與唐摭言所記相近。且島得韓愈憐之，教其爲文，然後去浮屠，擧進士，並不如隋唐嘉話所記，于赴擧京師時始識韓愈。又韓愈有「送無本師歸范陽」詩，作於元和六年（公元八一一年），當時爲河南令。韓愈以吏部侍郎爲京兆尹兼御史大夫，已經是長慶三年（公元八二三年）卽他卒前一年的事了。隋唐嘉話所記，顯然不符合事實，大抵由於韓愈做過京兆尹，又曾教賈島爲文，故將賈島因「落葉滿長安」句唐突大京兆劉棲楚事，附會爲因「僧敲月下門」句誤衝京兆尹韓愈車駕事。至於謂韓愈贈詩云：「孟郊死葬北邙山，日月星辰頓覺閒；天恐文章中斷絕，再生賈島在人間。」這首詩早經東坡志林斷爲「世俗無知者所託」了。

賈島「累擧不中第」，據說是由於執政惡其不遜，孟啓本事詩及計有功唐詩紀事都有記述。

一九七五、十一、九

從攝影說起

昨夜把新印好的「歐遊散記」校讀了一遍，讀到遊威尼斯的記載中有這樣的話：「河水很髒，不宜於觀賞而適宜拍照，拍出來的照片明暗得體。」不禁想到前兩日重遊南生園，那一彎髒水完全引不起我拍照的欲望，是當時忘了用開麥拉眼看景物，而只從欣賞的角度去看麼？是當時受了懷舊感情的蒙蔽，而忽略了眼前景物的美麼？是南生園的景物根本就不美麼？我不知道。現在事過情遷，也無謂追憶，分析。

反而市區外一池髒水，水邊一株垂柳（是柳麼？已經記不清楚），跨水建了兩間小屋，若能取得好角度，當可拍出美麗的照片。另外一兩位朋友也有同感。我們便慫恿唯一携備相機的某君，好好拍一張傑作。某君果然拍了，而今照片未看到，不曉得是否可以入選沙龍。

我一直在想：爲甚麼不宜於觀賞的髒水却適宜拍照？明暗得體也許是原因之一，但主要關鍵可能在觀賞者的心情。面對一池髒水，你只會皺眉，你只想掩鼻，你要走開，那裏有觀賞的心情？但觀賞拍出來的照片就不同了，那照片本身並不骯髒，也沒有臭味，你看到的只是構圖，光線，顏色。

由此可見，通過藝術的處理，可以掩飾了醜，突出了美。攝影是最能傳眞的藝術，尙且如此，其他藝術又會怎樣呢？

繪畫是接近攝影的藝術，通過畫家的筆觸，一條陋巷可以表現得很美。

同樣，通過戲劇家的處理，一個弑父戀母的醜惡故事，可以在觀衆心目中變爲優美的故事。

常常聽人說：「文學是社會的反映」，「文學是生活的鏡子」。這話當然是眞實的，但須弄淸楚，這用來反映社會、反映生活的鏡子不是平面鏡，因此並非一成不變地反映事物。藝術的眞實與生活的眞實到底是有距離的，二者之間不能劃下等號。

藝術的表現是比較集中的，藝術家要表現甚麼，便採取適當的角度，運用適當的手法，概括地，集中地表現他所要表現的。因此，他能掩飾了醜，突出了美，反過來，也能掩蓋了美，突出了醜，看他要表現的是甚麼。

文學作品也有以精確地反映生活爲號召的，例如自然主義的作品。但這些作品仍然不是平面鏡，因爲已經過作者的處理。

一九七六、三、十三

文章爲誰而作

文章反映人的個性。人有種種不同的個性，寫出來的文章也就有種種不同的風格。有些文章矯健，有些文章柔婉；有些文章明快利落，有些文章含蓄不露；有些文章刻意安排，結構嚴謹，有些文章信手寫來，不講結構；有簡明扼要的文章，有精雕細琢的文章；有氣勢如虹的文章，有柔弱如水的文章；有生動活潑的文章，有枯燥乏味的文章；有的文采華豔，有的平淡樸實；有的明白如話，有的晦澀難懂；有的鏗鏘可誦，有的完全不講音調。有人寫這種文章，有人寫那種文章；有人愛讀這種文章，有人愛讀那種文章。各有各的自由，各有各的愛好。我們儘可擡捧自己愛讀的文章，却不必貶抑自己不愛讀的文章。

然而有一點是值得我們注意的；到底文章爲誰而作？除非你的文章是寫給自己欣賞，或者只給幾個志同道合的朋友傳觀的，又或者是一時興到的遊戲文章，那就無話可說。如果你的文章是要寫給別人看的，要傳達自己的思想，要抒發自己的感情，那麼，你寫文章時心裏須有讀者。你要想想，這樣寫法，讀者會不會明白，有多少讀者會明白。寫得太過晦澀難懂豈非違背了自己寫文章的目的？

自然，你要表達的思想本身是精微奧妙的，你要抒發的感情本身是微妙得難以言喻的，這樣一來，文章難懂是由於內容，不關文字本身的事。反之，思想感情並無特別深奧微妙的地方，作者故意用艱深的文字，晦澀的句子，把大部份讀者弄得如墮五里霧中，這等於自己一手把他們驅逐，不要他們來了解自己所要表達的思想感情，豈不是違反了自己的目的，是自相矛盾的行爲？

有些人在不必要的地方故意採用艱深的文字去嚇唬人，或者自炫其博學，我覺得這種行爲本身就是膚淺的，這種寫文章的態度也是不足取的。識幾個深字古字有什麼了不起？翻開康熙字典，要多少有多少。反過來，能用淺易的文字表達艱深的內容，即所謂深入淺出，這樣才是高手，這才是寫文章的正確態度。對人說話，說的盡是人們聽不懂的話，在聽者來說，會懷疑說的人神經有毛病；在說者方面，倒不如不說。

司馬遷撰史記，連引用尚書材料，也用平易的文字替代艱深的文字；揚雄則被批評「好爲艱深之辭，以文淺易之說」。後世寫文章的人，學司馬遷的多，學揚雄的少。平易暢達是我國散文的優良傳統，也是以文字表情達意的應有態度。

一九七六、五、一

新詩的道路

我從來不寫新詩，也很少讀新詩。我不寫新詩，因爲覺得新詩無路可循；心裏既未能認定新詩應走的方向，便不願意盲目摸索；而且自己沒有詩才，也沒有給新詩開闢道路的雄心和氣魄。在新詩與舊詩之間，我寧可讀舊詩，因爲舊詩佳作多，音韻優美，而且容易記誦。舊詩已有三千年的歷史，新詩却只有六十年的歷史，若因目前新詩的成就遠比不上舊詩而遽爾論定新詩沒有存在的價值，那是不公平的。我們不能因爲新詩還未有滿意的成績，便主張恢復寫舊詩。唐詩不是也經過一百年才到達全盛時期嗎？我們實在不能再寫舊詩，因爲舊詩的形式容納不了現代人的思想感情，何況舊詩到了唐宋早已發展至登峯造極，我們無論怎樣用力，也很難超越前人。這是一個新時代，應該有這個時代的新詩。我個人雖然愛讀舊詩詞，却常常對中文系學生說：「要想在詩壇上爭一席位，必須寫新詩。舊詩只能寫來自己賞玩，或者與朋友唱和吧了。」我自己寫過幾年的舊詩，目的是爲了親嘗其中甘苦，對於欣賞古人的詩作，有比較深切的體會吧了。

新詩應該是怎麼樣的，我不知道，我却知道不少詩人走錯了道路。我既不寫新詩，也未下苦功研究過，怎麼知道他們走錯了道路呢？這好比一個人站在十字路口，雖然不知道哪一條路是正確的，却有可能判斷其中某一條路是不對的。

語言是詩的要素之一，也是詩人傳情達意的工具。文字（書面語）不通，詩人的情意便無從傳達，猶如鷄鴨對話，簡直白費心機。除非你的詩並不是寫給人家看的，否則必須遵守大家認可的行文法則。雖然說詩有詩的語言，却並不是說詩的語言具有不通的特權。詩的語言不同於散文的語言，只是不盡相同而已，並非完全不同。詩的語言不是毫無法則的，譬如說什麼情形之下可以省略，什麼情形之下可以倒裝，雖然所受約束的條件與散文不盡相同，却不是可以任意省略，隨意倒裝的。有些人以爲詩不必遵守一般語文的規律，而任意寫出不通的詩句來，他們是走錯路的。縱使是詩，文字也不可以不通，這是沒有討論的餘地的；若一定要討論的話。該討論的是：什麼樣的詩句才算不通？自然，這裏談的是原則問題，偶然一兩處不通，是無心之失，是小疵，並不影響詩人的成就。

新詩的語言還有一個毛病，就是過份歐化。我並不反對歐化，其實，我們現在的白話文，已經有若干程度的歐化，試將明清白話小說拿來比較一下，便見分明。但是，我反對過份歐化：人稱代詞與修飾語泛濫，形容子句疊出；都是使人吃不消的。幸而新詩作家已經注意這問題，逐漸有所改善了。

語言既然是傳情達意的工具，詩人實在沒有理由毫無必要地故意運用艱深晦澀的語言。

無論寫詩也好，寫散文也好，都不宜在文字上故作艱深。若是散文，反而應該深入淺出，縱有深度的內容，也須用淺近的文字表達；內容空洞的作品，才用艱深晦澀的文字去嚇唬人。詩呢？詩是否也應該像散文一樣，要用淺近的語言？我不是詩人，不便作答。我只是覺得不該故作艱深晦澀。

新詩裏固然可以運用古典語詞，但須用得恰到好處，不能濫用，而且要符合該詞語的用法，不能生吞活剝。

新詩裏爭論最多的是音樂性的問題。從詩經發展到楚辭，從漢樂府到唐詩、宋詞、元曲，這些詩體在當時都是合樂歌唱的，音樂性很強。今人却往往抱怨新詩唸不上口。事實上，一般人都可以背誦幾首舊詩，却沒有幾人能背一首新詩，可能連詩人自己都背不出一兩年前的得意之作。

構成詩的音樂性，主要在韻脚、平仄和節奏。舊詩都要押韻，新詩不必押韻。新詩從脚鐐手銬中解放出來，頓覺自由自在。拘束確是少了，音樂性弱了。因此新詩作家也並不堅決主張不用韻，他們只是說可以不押韻；其實新詩也有許多押韻的。五四時代胡適就說過：押韻固然好，不押韻也未嘗不可；要押今韻；要平仄互押（僅憑記憶，大意如此。）胡適不是詩人，詩寫得不好，這幾句話却是頗有道理的。有人認爲：沒有韻，怎能算詩？我却不敢苟同，因爲詩的音樂性並不全靠韻脚。

新詩沒有一定的平仄，自然減少許多束縛；但寫新詩還是要注意字音的平仄，要講究平仄的協調，試看看連用五六個平聲字，唸誦起來效果會怎麼樣？律詩的格式，平仄往往相對，而且沒有連續四個平聲字或仄聲字的，正是講究平仄調協的結果。我們現在不能回到律詩的舊路，不能規定平仄，但是注意一下平仄的調協，可以增加語言的聲音美。

和平仄一樣，節奏也是不能規定，却要注意的。有人主張自然節奏——這裏有個譬諭：有些人說話很有節奏，甚至有人走起路來也很有節奏，却不是每個人都如此。所以我覺得詩人寫詩的時候，須注意一下語言的節奏，或寫完之後，檢視一下節奏。

詩往往要用比喻，比喻貴乎貼切。明喻不貼切雖然不好，也還可以明白；隱喻（卽陳望道所謂借喻）如不貼切，就會使人摸不着頭腦。隱喻不止要貼切，還須有線索可尋：要末是習見的，要末是作者安排了線索。否則你說你的，我怎麼知道你比喻甚麼？以上是個人關於新詩的一些意見。新詩應該走哪一條路，我不能確認，不過上述幾點我想是值得考慮和討論的。

一九七六、二、十四

詩的聲調

偶然重讀朱自清「論詩學門徑」一文，篇首的一段話，覺得頗有意思，所以抄錄如下：

「據我數年來對於大學一年生的觀察，推測高中學生學習國文的情形，覺得他們理解與鑒賞舊詩比一般文言困難，但對於詩的興味却比文大。這似乎是一個矛盾，其實不然。他們的困難在意義，他們的興味在聲調；聲調是詩的原始的也是主要的效用，所以他們雖覺難懂，還是樂意。他們更樂意讀近體詩；近體詩比古體詩大體上更難理解，可是聲調也更諧和，便於吟誦，他們的興味顯然在此。」

朱自清四十五年前說的這番話，用於此時此地，未嘗不可。今時今日的中學生及大學文科生，還是愛讀舊詩，儘管舊詩比古文還要難懂，儘管讀的時候只是一知半解，他們仍然感到興味；正如朱自清所說，他們的興味在聲調。

朱氏這一段話，我說頗有意思，因爲正說明了人們愛讀舊詩的原因，也無意中反映出人們不愛讀新詩的原因。舊詩「雖覺難懂，還是樂意」，因爲「聲調諧和，便於吟誦」。新詩有的易懂，有的難懂，而無論易懂難懂，在聲調上都難與舊詩比擬，完全不講聲調的固不必說，即使講究聲調的，也還是不如舊詩。許多人不愛讀新詩，原因大都由於新詩不適宜吟誦，也不易背誦。

朱自清在同文中還說：「聲調不但是平仄的分配，還有四聲的講究；不但是韻母的關係，還有聲母的關係。這些條目有人說是枷鎖，可是要說明舊詩的技巧，便不能不承認它們的存在。這些我們現在其實也還未能完全清楚，一個中學生當然無須詳細知道；但他會從背誦裏覺出一些細微的分別，雖然不能指名。他會覺出這首詩調子比另一首好，即使是平仄一樣的律詩或絕句。」這和聽歌的道理是一樣的，聽者不一定懂得樂理，却可以說這一首歌比另一首歌好聽。換句話說，讀詩的人即使弄不清四聲，搞不通韻部，還是可以覺出這首詩聲調好聽，那首詩聲調不好聽，因此取聲調好的，而棄聲調不好的。

聽說有人做過實驗，找來了一班未讀過詩的孩子，教他們背誦舊詩而並不加以講解，四言、五言、六言、七言的詩都有，結果證明五言詩和七言詩最容易背誦。這說明爲什麼舊詩發展到後來，五言詩和七言詩特別發達，而四言、六言等却遭了淘汰。同樣，近體詩（律絕）的平仄格式，也是經過數百年的試驗才定下來的。這些例子可以供把聲調委諸「自然」的人參考。我不是說新詩也要定下平仄和押韻的格式，我只是感到一種矛盾：不講平仄和押韻（還有節奏），會失去聲調的美；過份講究，又等於戴上枷鎖。

一九七六、二、廿三

郁達夫談詩

郁達夫以短篇小說成名，他那數量不多的舊詩詞，却擁有一定數量的讀者。

他向來只做舊詩，不寫新詩。這位只做舊詩，不寫新詩的新文學作家，在一九三四年寫了一篇「談詩」的短文，談到他對新詩和舊詩的一些意見，頗有可觀，有些見解也頗合我意，故此介紹給未讀過這篇短文的讀者。

他說：「以成績來講，中國新文學的裏面，自然新詩的成績比較得差些。可是新的感情，新的對象，新的建設與事物，當然要新的詩人才歌唱得出，如以五言八韻或七律七絕，來咏飛機汽車，大馬路的集團和高樓，四馬路的妓女，機器房的火夫，失業的人羣等，當然是不對的。」

我一向認爲：現代人寫舊詩，只是自我寄情，或文人之間茶餘酒後的玩意；連中文系學生也沒有必要寫舊詩，他們在課堂上學習舊詩的唯一好處，是體會過其中甘苦，對於欣賞舊詩時，也許有所幫助，他們要想在詩壇上爭一席位，非要寫新詩不可。舊詩的形式，容不下新的事物，新的感情。近年有人用舊詩的形式，來吟咏飛機、高射礮、暖水壺等，總覺不倫不類。

郁達夫還說：「除了聲調韻律而外，若要講到詩中所含之「義」，就是實體的內容，則舊詩遠不如新詩之自在廣博。清朝乾嘉時候有一位趙翼（甌北），光緒年間有一位黃遵憲（公度），曾試以舊式古體詩來寫新思想新事物，但結果終覺得是不能暢達，斷沒有現在的無韻新詩那麼的自由自在。還有用新名詞入舊詩，這兩位原也試過，近代人如梁任公等，更加喜歡這一套玩意兒，可是半新不舊，即使勉强造成了五個字或七個字的愛皮西提，也終覺得碍眼觸目，不大能使讀者心服的。」

雖然是愛寫舊詩的人，到底是歸屬於新文學的作家，所以他能說出這一番話來。

他又說：「不過新詩人的一種新的桎梏，如荳腐乾體，十四行詩體，隔句對，隔句押韻體等，我却不敢贊成，因爲既把中國古代的格律死則打破了之後，重新去尋些新的枷鎖來帶上，實無異於出了中國牢後，再去坐西牢，一樣的是牢獄，我並不覺得西牢會比中國牢好些。」

二十歲左右，我就爲當時一位以模仿十四行詩沾沾自喜的青年詩人覺得可惜，果然他出過一陣子風頭之後，不久就聲沉影寂了。至於豆腐乾體之類專在詩形上做工夫的所謂新詩，就更不値一顧了。這原不需什麼眞知灼見就可以明白的淺近道理，却直到近年仍然有人不大明白！

「至於新詩的將來呢，我以爲一定很有希望，但須向粗大的方面走，不要向纖麗的方面鑽才對。亞倫坡的鬼氣陰森的詩律，原是可愛的，但霍脫曼的大道之歌，對於新解放的民族，一定更能給與些鼓勵與激刺。」

郁達夫雖然自己不寫新詩，却肯定新詩的未來，這一點也和我頗有相同之處。不過他這裏所提出的方向，我則以爲不可一概而論，須視乎詩人的氣質和生活內容而定。

底下他談到舊詩：「中國的舊詩，限制雖則繁多，規律雖則謹嚴，歷史是不會中斷的，過去的成績，就是所謂遺產，當然是大家所樂爲接受的，可以不必再說；到了將來，祇教中國的文字不改變，我想著着洋裝，喝着白蘭地的摩登少年，也必定要哼哼唧唧地唱些五個字或七個字的詩句來消遣，原因是因爲音樂的分子，在舊詩裏爲獨厚。」

而今已經是七十年代，距離達夫寫作本文時，已經四十多年了，各校中文系學生，頗有能寫舊詩，而且寫得不錯的。至於將來怎樣，我却不敢太過樂觀，要看客觀的形勢如何發展而定。說到吟誦舊詩，我敢說只要仍有人能讀古典文學，就有人喜愛吟誦舊詩，因爲舊詩的韻律實在優美。

底下談到意境，他說：「舊詩的一種意境，就是古人說得很渺茫的所謂「香象渡河，羚羊掛角，」一無跡可求的那一種絃外之音，新詩裏比較得少些。唐司空表聖的二十四詩品，所贊揚的，大抵是在這一方面。如沖澹，如沈著，如典雅高古，如含蓄，如疏野清奇，如委曲，飄逸，流動之類的神趣，新詩裏要少得多。這與形式工具格律，原有關係，但最大的原因，還是在乎時代與意識之上。」又說：「近代人既沒有那麼的閒適，又沒有那麼的冲澹，自然做不出古人的詩了；所以我覺得今人要做舊詩，祇能在說理一方面，使詞一方面，排韻鍊句一方面，勝過前人，在意境這一方面，是怎麼也追不上漢魏六朝的。」

在說理方面，勝過前人，是比較容易。不過，我向來不喜歡讀說理詩，總覺得詩的形式是不適合說理的，以詩說理，怎及得散文酣暢淋漓？現代詩也趨向說理，雖然形式解放了，比舊詩說理要好一點，也總覺得不大適合。

「做詩的秘訣，新詩方面，我不曉得，舊詩方面，於前人的許多摘句圖，聲調譜，詩話詩說之外，我覺得有一種法子，最爲巧妙。其一，是辭斷意連，其二，是粗細對稱。近代詩人中，唯龔定菴，最擅於用這秘法。」以前覺得郁達夫的詩，帶有龔定菴的味兒（魯迅及毛澤東詩亦如此），原來龔定菴正是他所服膺的一個詩人。

一九七七、三、廿四

「寒灰」與「鷄肋」

「達夫全集」第一卷叫「寒灰集」，第二卷叫「鷄肋集」。

作者在「寒灰集題辭」中表示把書獻給王映霞，因爲「寒灰的復燃，要借吹噓的大力。這大力的出處，大約是在我的朋友王映霞的身上。」爲什麼取名「寒灰」呢？看了他的「自序」，就可以明白：「男子的三十歲，是一箇最危險的年齡。大抵的有心人，他的自殺，總在這前後實行的。而更有痛於自殺者，就是心死。……自家今年三十歲，這一種內心的痛苦，精神毁滅的痛苦，兩三年來，沒有一刻遠離過我的心意。並且自從去年染了肺疾以來，肉體也日見消瘦了，衰老了，……」這篇「自序」作於一九二六年六月十四日，當時他還未從王映霞身上得到使寒灰復燃的「大力」。但從「日記九種」的記述，我們知道「寒灰集題辭」是一九二七年五月六日才上印刷所教他們加上去的，這時達夫正和映霞熱戀，寒灰眼看「復燃」了，把「寒灰集」題獻給她，正是時候。一個月後，即六月八日，「寒灰集」就印出來了。在此之前三天，即六月五日，他們便已在杭州宴請賓客，公布了他們的事情。日記上說：「和映霞的事情，今夜定了，以後就是如何處置荃君的問題了。」

郁達夫在「鷄肋集題辭」中說：「在最近的數年中，和我也共受過許多中國習俗的悲苦的我的女人，我在記念你，我在傷悼你，這一本集子裏，也有幾篇關於你的文章，貧交遠別，沒有旁的禮物可以贈送於你，就把這一本集子，虔誠獻上，作個永久的紀念罷！」這個「女人」，就是上文所引日記裏提到的「荃君」了。這篇「題辭」作於一九二七年八月一日，他和映霞宴客之後兩個月。爲甚麼取名「鷄肋」呢？「題辭」裏也有交代：「棄之可惜，存之可羞，」像這一類的東西，古人名之曰鷄肋……憑良心說起來，自己到現在爲止，所做的東西，沒有一篇不是鷄肋，但是穉氣滿滿的這集裏所收的幾篇，尤其覺得不成東西。」

從「日記九種」可以看出荃君在達夫心中，正如鷄肋。例如收到她寄來的舊皮袍，「心裏只在想法子，如何的報答這位可憐的女奴隸」，想來想去，不過想到「早點弄幾個錢寄去」。日記上說：「一想起荃君的那種孤獨懷遠的悲哀，我就要流眼淚，但映霞的豐肥的體質和澄美的瞳神，又一步也不離的在追迫我。」又說：「我一邊抱擁了映霞，在享很完美的戀愛的甜味，一邊却在想北京的女人，呻吟於產褥上的光景。」他以「鷄肋集」題獻給荃君，正透露了他的心意。

一九七七、五、十一

日記體

郁達夫談「日記文學」時說過：「散文作品裏頭，最便當的一種體裁，是日記體，其次是書簡體。」

他所以這樣說，由於他認爲：「文學家的作品，多少總帶有自傳的色彩的；而這一種自敍傳，若以第三人稱來寫出，則時常有不自覺的誤成第一人稱的地方……。並且縷縷直敍這第三人稱的主人公的心理狀態的時候，讀者若仔細想一想，何以這一個人的心理狀態，會被作者曉得這樣精細：那麼一樣幻滅之感，使文學的眞實性消失的感覺，就要暴露出來，却是文學上的一個絕大的危險。足以救這一種危險，並且可以使眞實性確立，使讀者於不知不覺的中間受催眠暗示的，是日記的體裁。」

關於第一點，在高手筆下是不會犯的。關於第二點，魯迅認爲作品的寫實與讀者的幻滅，不限於作品的體裁，卽在讀日記時，若記載虛僞，讀者也同樣可以感到幻滅。

事實上，文學作品的眞實性如何，並不在乎是用甚麼體裁來寫，而是在乎作者的觀察、體會以及表現的技巧。倘若情節難以令人置信，或販夫走卒說知識分子的話，卽使作者用日記體來寫，讀者也不能不感到幻滅。

人們對他人的日記感到興趣，是出於好奇的心理，想從日記中探知他人的私事，以及深藏不露的內心世界。

因此，有些作者使用日記體來寫小說，使讀者更感興趣，而有些讀者也的確對日記體的小說特別感到興趣。這其實並不在乎作品的眞實性，而是在乎一點喜歡窺探他人秘密的好奇心。

寫得好的日記，我是喜歡讀的，無論作者是名人、偉人還是無名小卒。可是日記體的小說，我並不特別愛讀。我不會因爲它是日記體而對它的眞實性有更多的期望，我知道它只是日記體而不是日記，它到底是虛構的小說吧了。

除非配合情節的需要，日記體還是愼用的好，它會給與作者體裁和觀點的限制。若以爲日記體可以增加眞實性而濫用，可能會得不償失。試看看世界文學名著裏，有幾本是日記體小說？

日記是寫給自己看的，是爲了備忘或發洩而寫的。寫的時候，並無給第二人看的打算，因此，要寫甚麼便寫甚麼，毫無顧忌，不用矯飾，這樣才當得個「眞」字。可是有些日記是爲發表而寫的，換句話說，寫的時候已經是準備給人看的。這些日記不是眞正的「日記」，只是「日記體」吧了。

一九七七、三、四

書信體

日記是寫給自己看的，無所不可談，故使人覺得眞實。書簡通常是寫給認識的人看的，娓娓道來，一般的說，使人覺得較爲親切。

日記使人覺得眞實，因此有人用日記體來寫小說。書簡通常使人覺得親切，因此也有人用書信體來寫小說。可是，日記體的小說，未必使人覺得眞實；書信體的小說，也未必使人覺得親切。反之，日記體和書信體的小說，都使作者受到體裁和觀點的限制，可能得不償失。

十八世紀的英國小說，有不少是用書信體寫的。譬如李察遜(SAMUEL RICHARSON)的處女作 PAMELA，是英國小說發展史上重要的里程碑；梵妮・貝妮（FANNY BURNEY）最早而又最好的小說 EVELINA，也是十八世紀英國小說中具有一定地位的作品。這兩本都是書信體的小說，我當年讀起來並未覺得份外親切，現在想起來印象相當模糊，反不如並非書信體的哈代小說 TESS OF THE D'URBERVILLES。

一般來說，我是不大喜歡書信體的小說，也許正如郁達夫所云：「這大約也是書函告白式的小說，不能使作者有用武的餘地，不能使作者得暢所欲言的緣故。」

郁達夫讀了徐祖正的「蘭生弟的日記」，說過這樣的一段話：

「蘭生弟的日記」，雖不是徐君的傑作，然而我們都承認是他的一部很誠摯的作品。內容係蘭生弟寫給薰南姊的一封長信。對蘭生弟的性格心境，描寫得頗週到。然而書函式的小說老犯的一著疾病，這「蘭生弟的日記」還仍然免不掉，就是薰南姊的性格，薰南姊的感情，和薰南姊的心境變遷的途徑，我們一點兒也捉摸不到。

這話舉出了書信體小說的一個弱點。這弱點的出現，是由於作者受了觀點的限制。

書信是我寫給親朋或親朋寫給我的。我讀親朋的書信，覺得親切，因爲我認識他們，關心他們。讀書信體的小說就不同了。讀信的雖然是我，受信的却不是我，而且我跟寫信人並不認識，難免缺乏相知者的關懷，若然引起我的關懷，那是作者的筆力所致，跟書信體並不相干。何況閱讀時明明知道那是小說，與讀親友的書信，心情根本完全兩樣。

近人寫作，頗有愛用書信體的，喃喃自語，藝術效果並不好。

一九七七、三、七

豈能完全委諸命運

世事往往是錯綜複雜的，卽以一個人的成敗而論，動輒委諸命運，固然說來輕易，却未免把事情看得太單純了。

李廣爲西漢一代邊郡名將，與匈奴大小七十餘戰，到老不得封侯，最後自刎在邊疆軍營裏，實在令人惋惜。與匈奴大小七十餘戰，在許多人看來，沒有功勞也有苦勞，積累起來，也應當足够取得一個封邑了。何況李廣並非浪得虛名，他任右北平太守時，匈奴稱他爲「漢之飛傳軍」，怕他避他，好幾年不敢侵擾右北平。李廣更不是庸才，典屬國公孫昆邪就說過：「李廣才氣，天下無雙。」太史公曾拿李廣從弟李蔡來對照：若把人才分爲九等，李蔡列入第八等，遠在李廣之下，但李蔡得封爲樂安侯，而且代公孫弘爲丞相，李廣則始終不得封侯。李蔡固然福厚，而李廣豈不是命不如人？李廣無聊之餘，忍不住向望氣者王朔求教：「豈吾相不當侯邪？且固命也？」

李廣不得封侯，到底是不是由於命運不如人呢？只要在社會上略經風浪的人，大都不敢斷然否定命運的因素。但在李廣不得封侯這事件上，不能完全委諸命運。王朔所說：「禍莫大於殺已降（按李廣曾誘降作反的羌人八百餘，一日之間全部殺掉），此乃將軍所以不得侯者也。」更不足信。李廣不得封侯，命運不好只是原因之一，更重要的原因正由於「才氣無雙」，才氣無雙，往往不守繩墨。在已經安定或要求安定的社會中，不守繩墨的人是要吃虧的，因爲他不受歡迎。我們在螢光幕上看到某些外來片集，往往强調守法精神，壞人要受法律裁判，不能私自處置。我們可以想像得到，在這種片集的來源地，不守繩墨的人也是不受歡迎的。李廣年輕時做文帝的侍從官，已經顯露他的才勇。文帝說：「惜乎，子不遇時，如令子當高帝時，萬戶侯豈足道哉！」高帝時正是逐鹿中原之際，用人只問有用無用，並不介意守不守繩墨。至文、景、武三朝，天下大一統，皇帝不能鼓勵臣民不守繩墨啊。李廣歷仕三朝，與匈奴大小七十餘戰，始終不得封侯，主要原因在此。

太史公記述李廣行軍「無部伍行陣」是不足信的，不過是極度形容李廣治軍簡易吧了。軍隊如無部曲編制和行列陣勢，不曉得要亂成甚麼樣子！

李廣守上郡時，曾率領百騎追捕三名匈奴射鵰者，與匈奴大軍相遇，幸膽略兼備，才得脫身，而李廣大軍却不知他行踪，不能來救援。景帝時，吳楚反，李廣追隨太尉周亞夫擊吳楚軍，立了大功，却貿貿然接了梁王所授將軍印，所以得不到漢朝封賞。不守繩墨的人在這種地方容易疏忽，往往要吃虧。

一九七六、九、廿一

不守繩墨

司馬遷是敬愛李廣的，在史記裏加以歌頌，對他到老不得封侯的遺憾，深表惋惜。但我們翻遍「李將軍列傳」，也看不見足令李廣獲得朝廷封贈爵邑的功績。景帝初卽位，吳楚七國作反，李廣隨太尉周亞夫擊吳楚軍，勇奪軍旗，立功揚名，却貿貿然接受梁王所授將軍印，故不得漢朝封賞，這是他處事輕率，不自愛重。

李廣率領百騎，遇匈奴數千騎，明知逃不掉，於是下令他的騎兵：「皆下馬解鞍！」足見有膽有略。這疑兵之計，不止高明，而且不容易執行。可是他做得很好。另一次領兵出雁門，以寡敵衆，李廣兵敗被俘，憑着他的機智，勇敢以及出衆的射技，終於逃脫歸來。作爲武俠小說或電影裏的英雄，這些英勇事跡，會得到讀者觀衆的讚賞。作爲一個歷史人物，這些英勇事跡，通過史家的生花妙筆，也會流傳後世，成爲動聽的英雄故事。可是，作爲邊郡守將，輕離大軍，雖然有驚無險，不加以追究已是寬弘大量；戰敗被俘，雖然逃得性命，却損失許多部衆，審訊懲罰，是理所當然的事，

伏兵馬邑城外的一次，倘能活捉匈奴單于，李廣可與韓安國等一同立功，奈何單于不中

計？在李廣方面，可以說運數不佳。與博望侯張騫合兵擊匈奴的一次，由於張騫的軍隊稽延誤期，致令李廣獨對匈奴左賢王的大軍，幾乎全軍盡墨。在李廣方面，爲博望侯所誤，也可以說是時運不佳。

一再無功而回，李廣自以爲命運不好，最後竟以六十歲高年，自請追隨大將軍衞青出擊匈奴，希望藉福將的助力立功，取得爵邑，度其晚年。誰知反因迷途誤期，不肯對簿而自刎。衞青雖有私心，却無加害之意。李廣終於抱憾而死，許多人把他的遭遇，歸咎於命運不好。

其實，李廣不得封侯，命運不好最多只能說是一個原因，更重要的是他沒有可得封爵的具體功績。譬如繼韓安國之後任右北平太守，匈奴人怕他避他，好幾年不敢侵擾右北平。這本來也是功勞一件——保住了邊郡百姓的生命財產，可是在朝廷看來，敵人不來找你，不能算是你立的功。

李廣從軍四十年，與匈奴大小七十餘戰，沒有功勞也有苦勞，朝廷若要封贈爵邑，不會沒有藉口。但李廣是不守繩墨的人，在重視社會秩序的時候，這種人是不會得到獎勵的，漢文帝「惜乎子不遇時」的話，充份顯露此中消息。李廣不得封侯，主要是吃了不守繩墨的虧。

有些人沒有才氣，却以「不守繩墨」沾沾自喜，吃了虧又憤世疾俗，實在只宜自咎。

一九七六、九、廿三

遺憾

人生難免有遺憾的事。

李廣從軍四十年，與匈奴大小七十餘戰，到老不得封侯，認爲畢生憾事，耿耿於懷，無法排遣。漢武帝元狩四年，大將軍衞青、驃騎將軍霍去病大擧出兵攻打匈奴，年老的李廣不肯放過機會，自動奏請隨軍征戰，希望能藉此機會立功，獲得封侯，誰知竟以自刎終場，造成更大的遺憾。

朝廷用人，必有賞罰。賞罰是統治天下、控制臣民、維護皇權的手段。立大功者賜爵封邑，正是朝廷籠絡臣民以爲己用的一種手段。獲賜爵邑的人，不止得到富貴，而且光宗耀祖，羨煞旁人。於是人人都想有立功效命的機會。爵邑是朝廷用來餵獵狗的肉，不止令已立功的心滿意足，樂於繼續效命，而且令未立功的垂涎三尺，急於尋找立功的機會。李廣半生在邊疆上賣命，由於命運不好，沒有立下顯赫的大功，而且不守繩墨，所以沒有成爲朝廷放餌的對象。（在天下一統、要求安定秩序時期，統治者不會鼓勵臣民不守繩墨，故此避免獎勵不守繩墨的人。）

李廣在邊疆上出生入死，守土衞國，勞碌大半生，自不能以一般朝廷鷹犬視之。不過，如果胸懷豁達，正不必爲封侯事耿耿於懷。果眞如此，心中固可以無憾，格調當亦更高。可惜李廣無法超越賜爵封邑的庸俗願望，竟致陷入自刎邊疆的結局，未能射獵南山，安渡餘年，造成更大的憾事。雖然，一個人不容易超越時代思想的局限，我們不應對李廣過份苛求，但我們對李廣耿耿於封侯之事，引以爲畢生大憾，終於陷入自刎軍營的另一大憾中，覺得是一件非常可惜的憾事。

李廣有三個兒子。長子當戶，次子椒，都比李廣早死。稚齡夭折也還罷了，最令人傷痛的是成人以後却英年早逝。對於作爲父親的李廣來說，未嘗不是大大的遺憾。

李廣的第三子名敢，在李廣死後，以戰功獲賜關內侯，食邑二百戶，代廣爲郎中令，運氣似乎不壞。可是不久，因爲怨大將軍衞青使他父親抱憾而死，故擊傷大將軍，其後伴隨武帝遊獵甘泉宮時，便給衞青的外甥驃騎將軍霍去病射殺。當戶有遺腹子名陵，長大以後，又在邊疆爲朝廷効力，結果戰敗投降匈奴，母親妻子被殺。隴西李氏世代爲將，却遭遇連串的憾事。

人生難免有遺憾的事，但像李氏祖孫三代所遭遇的，實在令人不得不發出同情的歎息。

一九七六、九、廿九

嵇康的遺憾

人生憾事本多，像嵇康的遭遇，固然令人痛惜，但他最大的遺憾，竟連他受刑時也還未曾知道！

嵇康與阮籍、山濤等同作竹林之遊，世稱「竹林七賢」。後來山濤做了選曹郎，意欲薦擧嵇康自代，嵇康便給他寫了封絕交書，表明自己不願做官的堅決，並且「非湯武、薄周孔」，招致司馬昭的不滿，伏下了殺身之禍。

絕交書上說：「女年十三，男年八歲，未及成人。」寫絕交書後兩年，嵇康就被殺害了。嵇紹傳云：「紹十歲而孤。」嵇康死時，兒子嵇紹才十歲，女兒才十五歲。這也許是他放心不下的一件事，却並非最大的憾事，因爲他臨刑時，對兒子說：「山公尚在，汝不孤矣。」他深信兒女會得到山濤的照顧，亦可見他並非與山濤眞正絕交，只是故作憤激之詞，使他人不敢再步山濤故轍吧了。何況「與山巨源絕交書」這題目，只是後人所擬，書中並無「絕交」二字，只有篇末「幷以爲別」一句，算是絕交之意。

嵇康著有「養生論」，認爲「導養得理，以盡性命，上獲千餘歲，下可數百年，可有之耳。」如何才能做到「導養得理」呢？他說：「君子知形恃神以立，神須形以存；悟生理之易失，知一過之害生。故修性以保神，安心以全身；愛憎不棲於情，憂喜不留於意；泊然無感，而體氣和平；又呼吸吐納，服食養身；使形神相親，表裏俱濟也。」所謂「服食」，就是服藥。絕交書有云：「又聞道士遺言：餌術黃精，令人久壽。意甚信之。」晉書本傳也說他「常修養性服食之事」，嘗採藥，至汲郡山中，遇道士孫登。至於「愛憎不棲於情，憂喜不留於意」，他也似乎做到了，因爲王戎說過：「與康居山陽二十年，未嘗見其喜慍之色。」可是他實在沒有做到。有一次與向秀共鍛於大樹之下，貴公子鍾會來訪，嵇康不加理會，繼續工作。鍾會等了許久，臨走時，嵇康說：「何所聞而來，何所見而去？」鍾會答：「聞所聞而來，見所見而去。」因此銜恨，後來借呂安事件，加以中傷。可見嵇康養性工夫並未到家，正如孫登所說：「君才則高矣，保身之道不足。」（見「世說新語」）

由東漢末葉以至魏晉南北朝，陷於長期的動亂之中，篡奪相尋，政治派系彼此對立。掌握政權、軍權的人，大多是專橫的，順我者生，逆我者死，文人因此動輒得咎，命如鷄犬。單數名聲響亮的，就有孔融、禰衡、楊修、何晏、嵇康、石崇、張華、潘岳、陸雲、劉琨、郭璞等人，都慘被殘殺。

作爲一個文人，生在這樣的時代，要想免於殺害，只好裝聾扮啞，或者寄情酒色，有時還得與當政者虛與委蛇。譬如阮籍，晉書本傳說他「本有濟世志，屬魏晉之際，天下多故，名士少有全者，籍由是不與世事，遂酣飲爲常。」後來給司馬昭看上了，派了鍾會來替兒子說親，阮籍只好大醉六十日，使鍾會不得開口的機會。這是拒絕司馬氏而不開罪他的一個好辦法，但試想想大醉六十日的滋味是怎麼受的！傳記裏又說他：「時率意獨駕，不由徑路，車迹所窮，輒慟哭而返。」這不是世人所見魏晉人的瘋瘋癲癲那末簡單，而是想到政治上處境的艱難。這窮途之哭，含有無限感觸，無窮委屈。處境雖然艱難，內心雖然痛苦，總希望有朝一日能見到光明，所以有時難免要抵受委屈，甘受羞辱。譬如劉伶，有一次得罪了一名俗士，那人捋起衣袖要揍他，他和顏悅色的說：「鷄肋豈足以當尊拳！」那人只好廢然而退。可是，講究養性服食的嵇康，却開罪了司馬昭的心腹鍾會，並在絕交書中以「非湯武，薄周孔」直接得罪了司馬昭，終於招致殺身之禍，死時只得四十歲。「養性」既不到家，「服食」的功效也無從印證了。他在獄中時所寫的「幽憤詩」，有句云：「古人有言，善莫近名。奉時恭默，咎悔不生。萬不周愼，安親保榮。」又云：「煌煌靈芝，一年三秀；予獨何爲，有志不就？懲難思復，心焉內疚。」這是他畢生一大憾事。既不能怪那動亂的時代，也就只好怪自己了。

然而，這一件憾事是他生時已經知道的，連他臨刑時還未知道的大憾，又是什麼呢？

嵇康所處的時代，正是魏末司馬氏掌握大權之際。司馬氏之心，誰人不知？嵇康「與魏宗室婚」（見晉書本傳）心向魏室，決不肯與司馬氏合作，準備作改朝易代之後的新貴。不要說「與魏宗室婚」的嵇康，就是阮籍也不肯如此，否則，他也不必大醉六十日來逃避司馬氏的婚事了。可是他們都在晉書裏有傳。假如他們活到司馬氏篡魏之後，做了晉朝的順民，那就無話可說。晉書阮籍傳載：「景元四年冬卒，時年五十四。」景元是魏元帝年號，阮籍實在未嘗做過一日晉朝的臣民。至於嵇康被害，又在阮籍未死之前。（通鑑以爲嵇康卒於景元三年。但裴松之引「山濤行狀」謂「濤始以景元二年除吏部郎」，舉康自代，當在此時，是年康子紹才八歲，嵇紹傳說「紹十歲而孤」，然則嵇康之死，當在景元四年。）未嘗一日做過晉朝的臣民，而且死在司馬之手，死後竟然被寫入晉書，做了晉朝的臣民，嵇康死而有知，會認爲是最大的遺憾吧？

一九七六、十一、五

五石散與迷幻藥

近年來常常聽見「五石散是中國古代迷幻藥」的話，而且說的人愈來愈多，甚至公然在螢光幕前嚷嚷。我想不明白，五石散怎麼會是迷幻藥呢？

迷幻藥的主要特徵，當在「迷幻」兩字，卽能影響人的神志。要說「五石散卽中國古代迷幻藥」，必須證明五石散也影響服者的神志。若因外國有許多人服迷幻藥，魏晉時也有許多人服五石散，就說五石散卽迷幻藥，然則外國有許多人讀「莎士比亞」，我國有許多人讀「紅樓夢」，我們也可以說「紅樓夢是中國的莎氏樂府」了？

五石散因服者須寒食，又叫做寒食散。五石散之名，始見於「世說新語」。世說言語篇載何晏的話：「服五石散非惟治病，亦覺神明開朗。」注引秦丞相（當作祖）寒食散論說：「寒食散之方，雖出漢代，而用之者寡，靡有傳焉。魏尚書何晏，首獲神效，由是大行於世，服者相傳也。」巢元方諸病源候總論引皇甫謐說：「近世尚書何晏，耽好聲色，始服此藥，心加開朗，體力轉強。京師翕然，傳以相授，歷歲之困，皆不終朝而愈。衆人喜於近利者，不睹後患。晏死之後，服者彌繁，于時不輟。余亦豫焉。」自何晏始服五石散，魏晉南北朝人，服者不絕。直到唐代，仍有服食的人。

皇甫謐所謂「不覩後患」，究竟服五石散有什麼後患呢？皇甫謐也是服五石散的人，還是看看他自己的描述吧：「或暴發不常，夭害年命。是以族弟長互，舌縮入喉；東海五良夫，癰疽陷背；隴西辛長緒，脊肉爛潰；蜀郡趙公烈，中表六喪；悉寒食散之所爲也。遠者數十歲，近者五六歲。余雖視息，猶溺人之笑耳。」他自己又得到什麼後患呢？晉書本傳載他上疏自陳：「又服寒食散違錯節度，辛苦荼毒，于今七年。隆冬裸袒食冰，當暑煩煩，加以咳逆，或苦溫瘧，或類傷寒，浮氣流腫，四肢酸重，於今困劣，救命呼噏。父兄見出，妻息長訣。」悲恚之餘，曾叩刃自殺，給叔母勸止了。

服五石散既有種種後患，爲什麼大家競相服食呢？

五石散的主藥是紫石英、白石英、赤石脂、鍾乳、硫磺，是何晏從漢朝張機（仲景）的兩條方加加減減弄出來的。唐朝孫思邈千金翼方載有五石更生散，於五石之外，還有人參、白朮等十種藥，據說可「治男子五勞七傷，虛羸着床，醫不能治，服此無不愈。」而張機的兩條方，卽侯氏黑散與紫石寒食散，前者「治大風，四肢煩重，心中惡寒不足者」，後者「治傷寒令愈不復」，本來不是治勞傷的。

何晏取張機的侯氏黑散與紫石寒食散方，加加減減，併湊成五石散方，到底治什麼病呢？皇甫謐說：「近世尚書何晏，耽好聲色，始服此藥，心加開朗，體力轉強。」何晏並沒有什麼病，只是縱情聲色吧了。千金翼方載五石更生散方，以治男子五勞七傷。七傷中有房室傷。「本草」於五石諸藥，謂能益精、益氣、補不足、令人有子。何晏服五石散的原因，可想而知了。

五石散既能治虛羸百病，益精補氣，又有助於房中術，已經够令人嚮往的了。「本草」又謂：「久服輕身延年。」這可更不得了。雖然何晏被殺了頭，五石散是否有延年之功，未能證實，但何晏服後，「覺神明開朗」，又「體力轉強」，則是在眼前可以見效的。所以「晏死之後，服者彌繁，于時不輟」。

近世學人談五石散的，首先是魯迅，其次有王瑤及余嘉錫。魯迅一九二七年在廣州所作演講「魏晉風度及文章與藥及酒之關係」，只是談到魏晉人服五石散的風氣，王余二氏更進一步推尋魏晉人服五石散的原因，並考其藥方及服法，以及服藥後所受的影響。他們都沒有說到五石散會影響神志。

五石散集諸熱藥於一劑之中（硫磺不止熱而且毒），其燥熱可知。服五石散後，皮肉發燒，故不能穿窄衣，衣服必須濶袍大袖。同樣，穿鞋襪也不方便，因此家居便穿屐。衣服不宜新，且不常洗，因此有虱，故有服石的名士「捫虱而談」。服藥後要行走以助藥力發散，叫「行散」。服藥的人，要洗冷水，「當洗勿失時」；要冷食，「當食勿忍飢」；要穿薄衣，「衣溫便脫」；惟酒忌冷飲，裴秀便是服藥後飲冷酒，寒熱累月而死的。由於「當食勿忍飢」，而且「食不厭多」，一天六七次也不定，這影響晉時名士「居喪無禮」。這種行逕，在一般人看來，就有點特異，再加上爲熱毒所苦的，隆多裸袒食冰，淺薄者便以爲服五石散的人精神失常，因此有五石散卽迷幻藥之說。

月前從雜誌上讀到黃兆淞君「論五石散非迷幻藥」一文，不禁大快。黃君精通醫藥之學，該文闡釋五石諸藥之性並不影響神志，從而力證五石散非迷幻藥，可補魯迅等前人文章所未及。

五石諸藥，價値不菲，服五石散又要諸多講究，故非有錢有閒的人不能服食。世說新語記載，有人未知五石爲何物，却於市門輾轉稱熱，冒稱石發，人問他何時服石，他說米中有石，食之乃發，一時傳爲笑柄。這故事可爲殷鑑。

一九七六、十一、十四

禮不可廢

禮不是可怕的東西，也不是可憎的東西，正如水可以載舟，也可以覆舟，刀可以傷人，也可以有種種用途，端視乎人怎麼樣加以處理吧了。

其實，禮只是人類行爲的一種規範，可補法律之不足。這話怎麼說呢？

宗教家告訴我們，上帝造人，並沒有剝奪人的自由意志；假如你不信宗教，你就更不會懷疑人有自由意志。同時，我們又知道人是過羣居生活的社會動物，離羣索居，不止有許多困難，而且是不切實際，不合人性的。既過羣居生活，假如人人充份發揮他的自由意志，愛說什麼話就說什麼話，愛做什麼事就做什麼事，則彼此之間必然常常發生衝突，社會秩序必然大亂，人與人之間也就無法相處下去。法律是人們製訂出來，用以維持社會秩序的。但法律的力量，不能達到人類生活的每一個層面，每一個小節。爲了使人能彼此相安，好好地過羣居的生活，禮便應運而生。

舉一個淺顯的例：假如一位女子在公共汽車上給一位男子毛手毛脚的侵犯，她是可以控之於法的；但該男子只是金睛火眼的盯着，一瞬不瞬，那女子仍然是受到侵犯的，却不能控之於法，只能罵他無禮吧了。然而該男子逾越常軌的失禮行爲，是會受到輿論的制裁的；撇開輿論的制裁不說，只要他不是厚顏無恥之徒，他自己也知道這種行逕是無禮的。這樣，在禮的妨嫺之下，那女子就不會受到不必要的侵犯。

禮不是一成不變的，一個時代有一個時代的禮，一個社會有一個社會的禮。在今時今日，一定要恢復周秦古禮，不止無此必要，簡直是食古不化。假如在戰場上俘獲日皇，竟效韓獻子「再拜稽首，奉觴加璧以進」，不止滑稽不過，連性命都會丟掉呢。又如身在外國，人家伸手出來，你不與他相握，却拱手作揖而退，令人詫愕固不在話下，也許還要引起誤會呢。社會變化急驟，禮的變遷也許追隨不上，而有不合時宜之感。但禮只宜不斷修正，以適合不斷變化的社會，却是不宜廢棄的，因爲禮具有維繫人與人之間和樂相處的作用。

禮有時給利用來作爲鞏固統治權，限制人們言行思想的工具。我們却不能因此指責禮的不是。操刀傷人，罪不在刀，而在操刀的人。阮籍嵇康反對禮教，是因爲禮教給司馬氏集團利用了，變成殭化的虛假的東西，其實他們內心是守禮的，試看嵇康的「家誡」及阮籍不讓兒子參與竹林之遊，可見一斑。有些假冒名士，捧着「禮豈爲我輩設耶」的話，故意不守禮，自以爲這就是名士行徑，徒然自暴其淺薄吧了。

一九七六、十一、十七

窮途之哭

世間事物往往是錯綜複雜的：表面看來是簡單的，實情往往並不簡單；貌似忠厚的人，內心未必同樣忠厚。頭腦簡單的人，往往遽下判斷，於無關輕重的事情，固然不打緊，否則就要誤己累人了。

前幾天談到「五石散與迷幻藥」。其實這題目許久許久以前就想寫了，特別是有人在螢光幕前亂嚷的時候，深怕經此一嚷，喜歡拾人牙慧的人也跟着嚷了，說「五石散是古代迷幻藥」的人便愈來愈多，不止歪曲眞相，亦且厚誣古人。但因手頭上缺少醫藥方面的書，所以文章始終沒有寫出來。月前讀了黃兆淞君的「論五石散非迷幻藥」一文，方才決心寫一篇短文作個響應。

五石散是藥，迷幻藥也是藥。魏晉名士服五石散，成爲一種風氣；今日新潮人士服迷幻藥，也儼然成爲一種風氣。加上服五石散的人，行動顯得有些特異，淺見者以爲類似服迷幻藥的反應，於是大呼「五石散是古代迷幻藥」，以爲獨得之秘，甚至利用傳播媒介來宣揚，殊不知正犯了認識不淸，遽下判斷的錯誤。

同樣，由於嵇康「非湯、武而薄周、孔」，阮籍也說過「禮豈爲我輩設也」的話，而且「見禮俗之士，以白眼對之」，所以淺見的人便說嵇康阮籍反對禮教。其實，曹魏末葉，大權已經旁落，司馬氏假借禮法之名，陰謀篡奪政權。嵇康阮籍，不願同流合污，特別是嵇康，與魏宗室婚，更不願見司馬氏行篡奪的陰謀。兪理初「書文選幽憤詩後」說得不錯：「其時王肅皇甫謐之徒，誣造湯武周孔之言。康謂篡逆之事，以聖賢爲口實，心每非薄之，若出仕在人間，不自晦止，必身顯見此事，非毀抵突，新代所不能容。師與昭以爲康深見其隱衷而豫知不容，是必爲難者，故惡之。」這是嵇康所以被殺的主要理由。其實阮籍嵇康內心是守禮教的，他們所反對的是給人利用的虛僞的「禮教」吧了。他們的行爲表現是與內心不符的。晉書阮籍傳說：「（籍）子渾，字長成，有父風，少慕通達，不飾小節，籍謂曰：『仲容已豫吾此流，汝不得復爾。』」正因爲內心不以此種行爲爲然，才對兒子說：「汝不得復爾」。嵇康說自己有七不堪、二不可，不能爲官，但看他的「家誡」所說做官做人的道理，與他自己的行徑全不相同。自己的行爲，與心願矛盾，則內心痛苦可知。晉書阮籍傳說：「時率意獨駕，不由徑路，車迹所窮，輒慟哭而反。」這一哭，並非裝瘋賣傻，也不是眞痴眞呆，而是聯想到政治上沒有出路，恰像眼前「車迹所窮」的處境。這一哭有無限傷心，淺見的人又哪裏知道？以嬉皮士相比，不是厚誣古人麼？

一九七六、十一、十九

兩個故事

晉書阮籍傳有這樣的記載：

（籍）性至孝，母終，正與人圍碁，對者求止，籍留與決賭。既而飲酒二斗，舉聲一號，吐血數升。及將葬，食一蒸肫，飲二斗酒，然後臨訣，直言窮矣，舉聲一號，因又吐血數升。毀瘠骨立，殆至滅性。

因母親之死，竟一再吐血數升，毀瘠骨立，殆致滅性，當是眞正傷心，而且傷心之極，決無假裝的可能。但爲什麼與人圍碁，對者求止，而阮籍却留與決賭而不止呢？從此時此刻阮籍的這種表現看來，很有可能引起不孝的誤會。我們試看世說新語的記載：

阮籍遭母喪，在晉文王坐，進酒肉，司隸何曾亦在坐，曰：「明公方以孝治天下，而阮籍以重喪顯於公坐，飲酒食肉，宜流之海外，以正風教。」文王曰：「嗣宗毀頓如此，君不能共憂之，何謂？且有疾而飲酒食肉，固喪禮也。」籍飲噉不輟，神色自若。

阮籍率性任眞，慈母之逝，傷在內心，言行舉止，却與平素無異，飲酒食肉，旁若無人；正與人圍碁，何妨終局才罷？若觀此而論斷阮籍不孝，正是不知阮籍。然則何曾正是一個這樣不了解阮籍的人麼？不，阮籍不肯假惺惺作態，拘守虛僞的禮法，正如嵇康與山巨源絕交書所云：「至爲禮法之士所繩，疾之如讎。」所謂「禮法之士」，正指何曾一流人。他們是有意藉此攻訐阮籍，企圖拔去眼中釘呢。

阮籍喪母的表現，何曾之流，不是誤解，而是有意攻擊。世說新語注引名士傳說劉伶常乘鹿車，攜一壺酒，使人荷鍤隨之，云：「死便掘地以埋。」這故事才眞正引起許多人的誤解呢！表面看來，劉伶對死非常達觀。如果深入發掘，就有不同的看法。

世說新語注言劉伶「嘗與俗士相忤，其人攘袂而起，必欲築之。伶和其色曰：「鷄肋豈足以當尊拳！」其人不覺廢然而返。」這種委曲求全的態度，正與阮籍寧可忍受大醉六十日的痛苦以避免口拒司馬氏的求婚，是一樣的。他們要保身俟命！可是，政治上難見光明的局面，而人生却短促無常。正如阮籍詠懷詩所云：「朝爲媚少年，夕暮成醜老」；「千秋萬歲後，榮名安所之」；「獨有延年術，可以慰我心」。可惜劉伶和阮籍一樣，是寧可縱情於酒而不相信服食延年的。因此，劉伶並非達觀，而是內心對死亡有所恐懼，却又無可奈何。

一九七六、十一、廿二

開設語文課的目的

無論任何等級的學校，開設任何課程，一定有開設該課程的目的。開設一門語文課程，目的是什麼呢？非常簡單，就是提高閱讀和寫作的能力：「中國語文」，爲了提高中文的閱讀和寫作能力，「英文」是爲了提高運用英文的能力，「法文」、「德文」等課程也是一樣。換一種說法，語文課是一種「工具課」，是教學生運用某一種工具的，例如「中國語文」是教學生運用「中文」這種工具，「英文」、「法文」等課程則教學生運用「英文」、「法文」等工具。

有人說，我們稱本國文字，應該稱「國文」，不應該稱「中文」。站在國家民族的立場來說，從國家觀念的角度來看，我覺得很對；但在討論課程的內容和目的時，「國文」一詞便顯得含混不清，所以筆者在上文稱「中國語文」而不稱「國文」。

大學裏有「大一國文」、「大二國文」的課程，以前中學裏也有「國文」課，人們一直認爲，國文課不止教語文，還教文學，還兼及歷史和思想，可說包羅甚廣，有的國文課本甚至以傳授祖國文化遺產爲己任，還不止呢，有的還要「培養高尚人格、發揮民族精神、並養成愛國家、愛民族、愛人類之觀念」。

天呀，這樣說來，國文教師所肩負的責任實在太大了！責任大得簡直無法肩負，那麼只有因循苟且。

同樣，學生也不能接受這許多東西，於是也只有因循苟且。多年以來，國文教學之所以不見功效，相信這是主要原因之一。

兩年前本港中學的國文課程，把「語文」和「文學」分了家，這是本港教育史上一大改革，值得鼓掌。試想：培養高尚人格，是一門國文課程、一位國文老師所能做到的嗎？這是全校老師的責任，在潛移默化中做工夫，但不是語文課的目的。說到傳授文化遺產，如果祖國的文化遺產，可以藉這麼一門課程傳授得了的，那麼實在太少了！雖然有些課文涉及歷史或古代某一家派的思想，有些課文本身就是很好的文學作品，但交代過了便是，不必像通史、文化史、思想史、文學史那樣大做工夫。因爲要做的事太多，往往一件也不能做到。如今把「中國文學」分離出去的「中國語文」，只剩下簡單明確的目的，訓練學生閱讀和寫作的能力，可以事半功倍了。

可惜，閒來翻閱小妹妹中四、中五的中國語文課本，發覺編者仍不免於貪多務得，灌輸太多文學史、思想史方面的知識，未能確認語文課的宗旨來從事編撰工作，以致影響了該課程的效果。

一九七五、七、十二

對中學國文教學的意見

許多人都在埋怨本港國文教學沒有成績，以致學生國文程度愈來愈低。其實成績是有的，只是成績太差，遠遠不够理想吧了。成績太差要比沒有成績好一點，但總歸是失敗。追究失敗的原因，則非常複雜，本文就國文課程本身加以討論，其他如社會因素等，暫時不擬涉及。由於中學是求學時期一個重要階段，而且有五六年的長時間，故特別提出來討論。大學國文只是一年或兩年的課程，難有顯著的成績；小學雖是奠基礎的階段，而且也佔六年的長時間，但學生年紀到底還小，加上本人對香港小學國文教學的情況不大熟悉，故此在本篇都略而不論。

國文科的開設，旨在訓練學生閱讀和寫作的能力，跟英文、法文等其他語文科目一樣，可是向來訂定課程、編寫課本以及教國文的人都沒有認清楚這個目標，致令國文課程的內容包羅太廣，一大堆文學史的材料，以致一大堆可以籠統稱爲國學常識的東西，侵奪了學生學習讀和寫的時間與精力。前年開始，語文與文學分爲兩科，這是一大改進，本來可以有較佳的成績。可是翻開語文課本看看，還是一大堆文學史的材料：選一首「戰城南」，不到百字，介紹「樂府詩」却花了五頁篇幅；選一首「西北有高樓」，才八十字，可是解釋古詩也花了五頁篇幅。用半年的一册課本才七、八課書，竟然教不完，就是這些材料浪費了課堂上寶貴的時間，浪費了學生記誦的精力！這些材料對於訓練學生閱讀和寫作的能力，有甚麼幫助？學生不曉得樂府的種類和分期，不曉得古詩產生的時代，難道就不能寫通順流暢的文章？懂得了，文章就通順流暢起來了？把這些材料都删除，多讀幾篇文章，多講文章作法、語法、修辭等，對於提高學生閱讀和寫作的能力，更爲實際。

多讀多寫，是訓練讀和寫的不二法門。你要打乒乓球，必須勤加練習；你要學好游泳，也必須勤加練習；同樣，你要提高閱讀和寫作的能力，也必須多讀多寫。這是很簡易的道理，人人都明白，可是在國文教學上却被忽視了。半年時間才讀七、八課書，作五、六篇文章，能有多大進步？要使國文教學有成績，必須對學生提供更多讀和寫的的機會。課堂上決不止教七、八課書，要多教些，還要引導他們多作課外閱讀，小說啦、散文啦、文學史簡編（不必背誦來應付考試，只是隨各人興趣在課外吸收文學史知識）以及其他適合的讀物，都可以讀。課堂上也決不止作五、六篇文章，至少一星期一篇。多作便多改，因此每班人數必須有嚴格限制。此外還可以鼓勵學生寫日記、週記，增加寫作的練習機會。

我們學習，可以通過感性的認識，也可以通過理性的認識，最好是兩者兼顧。古人學寫文章，着重背誦功夫，是屬於感性的認識。他們不講文法，却把前人的好文章背得滾瓜爛熟；因爲背得爛熟，所以深曉行文的習慣，知道怎麼樣的文句是通的，怎麼樣的文句是不通的，這行文的習慣便是文法（或稱語法，因爲文字又稱書面語），把行文的習慣綜合成一個系統來講述，便是文法學（或稱語法學）。古人沒有文法學（其實古人偶然也講文法，只是沒有系統的著述），但是知道文章不通，而且能寫通順的文章，便是得力於背誦功夫，即感性的認識。

以前中文中學的英文教學，很著重文法，背誦少，閱讀也不如英文書院的多，但是中學畢業生也能寫通順的英文，雖然不够地道，有時甚至出現中國式的英文句子，但至少能寫合乎文法的通順的英文。這是得力於文法，卽理性的認識。如果學習文法之外，又能多讀多寫，成績當然更理想。

而今中學國文教學，旣不講文法，又不多讀多寫，背誦更認爲不合潮流，你叫學生靠什麼來提高閱讀和寫作的能力呢？其實現代的中學生還是下很多背誦功夫的，不過背誦的是作者生平，題解，國學常識等等，何不引導他們把花在這上面的時間，用來背誦一些精選的好文章？（背誦詩詞對於提高閱讀和寫作的能力沒有多大幫助。）如果說語體文難背，那不必背，只是多誦幾遍，高聲朗誦，也是好的。但是無論如何，現代的中學生不能像古人那樣花許多時間來背誦，那麼，學學文法，加强理性的認識，未嘗不是一個補救辦法。當然，多讀多寫是最重要的，加上文法和修辭的知識，成績會更理想。也不必把全套的文法學和修辭學來教，揀重要的教便行。

至於課文，自然要選合乎學生程度的，但最重要的是是否符合提高學生閱讀和寫作能力這個目的。要中學生讀中庸、漢書藝文志等，早已遭人詬駡，不必贅論。就是選詩經、楚辭、莊子等，也不大適宜。因爲這個課程不是展覽各種文學的體裁，只是訓練學生讀和寫的能力，凡是不符合這個目的的文章，都不宜選作教材：因此，年代太久遠的文章不宜選，詰屈聱牙的文章（如尚書）不宜選，內容不是中學生所能了解的文章（如中庸）不宜選，只有學術價值、無補於讀和寫的訓練的文章（如漢書藝文志）不宜選，駢體文不宜選，因爲往往不合文法，詩詞也不宜多選，略選三兩首作爲一種調劑則可。

學生養成閱讀的能力和興趣，便可以多作課外閱讀，吸取各方面的知識，寫文章也就有內容，不致如現在的貧乏了。

一九七五、九、十三

大學國文教材

長久以來，大學國文教材，成爲爭論紛紜，未能解決的問題。以前在國內，朱自清、郭紹虞等都在這方面發表過意見。近年來的香港，雖然大家不大公開討論，但各大學或大專院校中文系開會時，除非不涉及這問題，否則總要引起紛紜的意見。開會時的意見分歧，也許是別有用心，但私下彼此交換意見，也難得有一致的結論。

傳統的大學國文課本，是淸一色的古文。有些人認爲白話文學運動已推行了數十年，上乘的白話文學作品，大可以選入大學國文課本。另外一些人卽加以反對，認爲以大學生的程度，仍讀白話文未免太淺；而且，學生旣已讀明白，敎師還能敎什麼？有些人甚至更進一步，認爲大學國文不止不必敎白話，而且要敎艱深的古文，因爲小學國文以白話文爲主，初級中學則兼顧文言文，高級中學已經是文言文爲主了，不過唐宋以後的文章佔較大的比重而已，到了大學，該多讀唐以前的文章，才是銜接中學的課程。

撇開選不選白話文的問題不談，單談淸一色選用古文作敎材的傳統選本，也有好幾種不同的選法。有的按體裁來選：有抒情文，有描寫文；有史傳文，有諸子文；有詩賦詞曲，有文學批評；有書序，有贈序；有書信日記，有碑誌祭文；等等。似乎編者要作一次文體展覽，而文體分類却又沒有劃一標準。另外有人按時代先後來選，從先秦兩漢直選到唐宋明淸，似乎是作文學史選例，但從文學史選例的角度來看，却又不够完備。此外，還有按照四部來選的：經部固然是二千年前的東西，子部所選通常也是先秦文章，史部和集部再按時代先後排列，大抵也是唐宋以前的作品居多。這一派的做法，不止於作文體展覽或爲文學史選例，簡直是意欲陳列中國文化。除此之外，還有一些老師宿儒，認爲教學生怎樣做人，也是國文老師的責任，故此主張大學國文教材，須選有益世道人心，合乎倫理道德的文章。上課時，往往借題發揮，大談做人的道理。結果不一定有助於學生的人格修養，却阻碍了語文的訓練。

上述幾種人，用心本來無可厚非，可惜用錯了地方。大學國文既不是「各體文習作」，用不着給學生各體文的示範。大學國文也不是「文學史」，用不着作文學史選例。大學國文更不是「倫理學」或「修身」科，不該以是否有益世道人心作爲選擇教材的標準。好好的大學國文，給弄得變成四不像。題材根本不合用，因爲不符合該課程開設的目的。

教材既不符合該科的教學目的，成績低落不在話下。然則，大學國文開設的目的是甚麼？我在本欄說過，國文課該和其他語文課如英文、法文等一樣，是訓練學生好好掌握這種語文工具，既能用來表達自己的思想感情，也能了解他人利用這種工具所表達的思想感情。

換句話說，國文課的目的，該是訓練學生閱讀寫作的能力——若是外國語文，還須兼顧聽講能力的訓練。中學國文目的是這樣，大學國文的目的也是這樣。

「國文」的「文」，可以理解作「語文」的「文」，也可以理解作「文學」的「文」，亦可以理解作「文化」的「文」。一般製訂課程、編寫課本及教課的人，大多採用後二種。把國文視作「中國文化」的課程來處理，好比一個志大才疏的人，想達到很高很高的理想，到頭來却一事無成。把國文視作「中國文學」的課程來處理，學生也許懂得文學欣賞，却不會寫一篇通順的文章。中文系以外各系學生之所以要修大一國文，並不為了學習文學欣賞。至於拚命灌輸文學史知識或國學常識，而浪費課堂上有限的時間（每星期三、四小時），更是寃哉枉也，因為學生有了閱讀能力，介紹一部好的文學史或國學常識，就可以得到所需要的知識。何況對於各系學生來說，這些知識並非最急切需要的。談到教學生做人，國文老師固然是有責任的，但不是國文老師個人的責任，而是所有老師的責任。而且教學生做人，可以在日常接觸時進行，不必佔用課堂上有限的時間，更不該用作選擇國文教材的標準。況且，時代究竟不同了，古時學生經年累月追隨着一位老師，今之師生關係與古之師弟關係，實在不可同日而語。

大學國文的目的既在訓練學生閱讀寫作的能力，自然該多作閱讀和寫作的練習。字音字義之外，該講文法、修辭、文章作法等。作者生平，時代背景之類，簡明扼要的略作介紹便可。如課本上已交代清楚，老師更不必多費唇舌。

一句話，大學國文該集中在讀和寫的訓練。教材的選擇和安排，要符合這個目的。可學的文章才選，不可學的文章不要選。因此，要選文從字順、內容豐富、主題健康、表現方法可取而又適合學生程度的文章；換句話說，只選有利於讀、寫訓練的文章作教材。

有些系別的系主任要求大一國文選用與該系有關的文章作教材。這樣說來，難道對數學系學生要講「九章算術」或「幾何原本」（徐光啓李善蘭等譯），對經濟系學生要講「鹽鐵論」或「原富」（嚴復譯）？一聽而知是無理要求。

一九七六、十、二十

中文學蟹行

中文橫寫的情況愈來愈普遍，書籍學報有橫排的，報章雜誌也有部份橫排的，書信日記有橫寫的，廣告招牌也有橫寫的，你走到街上去轉一轉，一定看見橫書的中文；你走到書店裏轉一轉，也一定看見橫排的中文書刊。以往把西文叫做蟹行文字，而今中文也學螃蟹橫行起來了。

有些老先生不贊成中文橫寫，筆者便認識一位，不止他本人從來不買橫排的書籍，連看見學生閱讀橫排的書刊，也要臭罵一頓。個人覺得：這不是保全國粹或繼承文化遺產的問題，只是食古不化，抱殘守缺的表現吧了。其實，中文橫寫有許多方便。

中西文對照的書籍必須橫排，那是不用爭辯的事。專門談論翻譯的書刊，也以橫排比較方便，因爲隨時會引一段外國文字，或至少引幾個外國字或外國人名。本港某雜誌近幾期都有一篇文章橫排，便是一個好說明，可惜它的橫排不同於普通的橫排——連雜誌也要打橫了看——但那是情有可原的，因爲那不是一本專談翻譯的雜誌，不能爲了一篇文章而全本雜誌改版。

中文學報橫排，近年也多起來了。學報所刊大都是學術性的文章，現今學術「行情」是世界性的，即使你研究中國文學、中國歷史，也要知道外國有沒有人對你所研究的問題發表過文章，否則人家文章都老早印出了，你還在埋頭苦幹，而結論沒有超出人家的地方，豈不冤枉？因此，學術性文章提到外國人名、書名，那是常事，橫排便比較方便。如果是科學論文，更加要橫排，否則直排的文章夾雜些橫排的化學方程式或算式，便把讀者弄得頭昏腦脹了。

個人寫信，記日記或做讀書筆記，都喜歡橫寫，因爲隨時須要夾入幾個外國字，全部橫寫免得顛來倒去。筆者並不是喜歡亂用外國字的人，筆者在本欄談翻譯也盡量避免夾入英文字，可見一斑，夾入外文一定有所需要。

其實我們的眼睛是打橫生的，眼球左右跳動比上下跳動還要靈活，閱讀橫排的書刊更要順適和迅速一些。不愛看橫排書刊的，只是泥於傳統和不習慣吧了。

有一點要注意：街上橫寫的招牌、廣告和標語，有左起的，有右起的，十分凌亂，使人在剎那間不知從何讀起。我看還是統一一下，全部左起的好（可以中英對照），否則「去倫敦」誤作「敦倫去」，則不僅鬧笑話而已，還可能惹官非呢。

最後要聲明一下：筆者並非主張中文必須橫寫，只是說在某些情況下中文橫寫更爲方便吧了。

一九七五、八、十五

吃力不討好

一年不見，自有談不盡的話題。在有限的時間內，我們的話題並不太過散漫，寒喧過後，便漸漸的集中起來。

他選擇這地方作爲晤言之所，似乎十分適宜。點心固然不錯，茶更是公認的好茶。地方不大，却可以高談濶論，沒有人搭枱，沒有人虎視眈眈，沒有使人感到束手縛脚的氣氛。他的工作是翻譯和訓練翻譯人員，我們的談話很自然的便歸到這個方面。

翻譯工作是吃力不討好的，訓練翻譯人員的工作更加是吃力不討好的。我這「吃力不討好」一句話，他認爲「深得我心」。

儘管你說翻譯也是一種藝術，儘管你說翻譯是一種「再創造」，翻譯工作却沒有受到應得的重視。卽使你在翻譯方面已經可以名家，你這「譯翻家」的地位，在一般人心目中，總不如一個「作家」。卽使你的翻譯成果，大家都認爲非常滿意了，在一般人的心目中，仍然是給不能讀原文的人看的。

然則，一個翻譯工作者所付出的時間和精力，不如一個文藝工作者麼？一個偉大翻譯家所要具備的條件，就不如一個偉大作家麼？一個認眞做過翻譯工作的人，一個對翻譯工作具有深刻認識的人，都會知道答案。

文藝工作者首先要掌握語文運用的藝術，翻譯工作者也首先要掌握語文運用的藝術。一般來說，文藝工作者只要掌握一種語文，翻譯工作者却要掌握一種以上語文。文藝工作者可以盡量發揮自己所長，翻譯工作者却要受原文掣肘，處處講究恰如其分，增一分減一分都會造成缺陷。偉大作家要具備偉大作家的才分，欠缺才分，只能成爲普通的文藝工作者；偉大翻譯家也要具備偉大翻譯家的才分，否則也只能成爲普通的翻譯工作者。

一部偉大的文學名著，像紅樓夢和莎翁名劇，可以永遠光芒四射，以後儘可產生更偉大的作品，却不能加以取代。且不說偉大的文學名著，就是一般有份量的文學著作，也可以繼續流傳，不爲後出而更有份量的著作所取代；李白杜甫雖然勝過謝靈運，謝詩今日仍可在大學裏開課。梁實秋譯莎翁劇作，霍克斯英譯紅樓夢，是否能稱爲偉大譯作，未便遽下論斷，若說是有份量的譯作，則已有內行人衡量過而加以承認。可是，安知十年、廿年、卅年後，不會出現更有份量的莎翁譯本或紅樓夢新英譯，取代了現在視爲權威的譯作？

有些人認爲只要會讀英文，會寫中文，就可以做英文中譯的工作；英文閱讀能力高，中文寫得通順，就可以做好英文中譯的工作。這種想法完全是外行的，就像以爲英美人士都可以教英文一樣可笑。

徐志摩對英文的理解力和中文的表達能力，沒有多少人會懷疑的吧？可是他譯曼殊菲爾的短篇小說，就暴露了他那並不高明的翻譯能力。

徐志摩所欠缺的是翻譯的技巧。翻譯的技巧可以從訓練得來。接受有計畫的訓練，固然可以增進翻譯的技巧；積累翻譯的經驗，從翻譯實踐中細意揣摩，也可以提高翻譯的技巧。一般來說，前者進步較快。

翻譯已經是吃力不討好的工作，翻譯訓練更是吃力不討好的工作。翻譯得好，儘管未受應得的重視，到底成績具在；即使你的譯作只能流傳一個時期。將來還是要給別的代替，也總算傳過一個時期。而翻譯工作做得好不好，總算掌握在自己手上。翻譯訓練就不同了，訓練者需要學員的合作。學員對原文的理解能力不够，或是譯文的表達能力不够，翻譯訓練就難見成績。學員的才分較低，或學習的熱心不足，也要影響訓練的成績。翻譯是一門訓練課程，跟一般講授課程不同，一般講授課程，不管學員接受的情況如何，只要講授得精采，就可以顯出精采。翻譯訓練要看學員的表現，學員進步多，成績才好，進步少，成績就差。而學員進步的多少，並不完全控制在訓練者的手上。這樣看來，翻譯訓練不是比翻譯本身更吃力不討好嗎？

做生意有不熟不做的話。其實，「不熟不做」用在生意上未必完全適合，用在翻譯上却非常適合。「熟」是指題材熟習。題材如不熟習，簡直沒有辦法翻譯。可以翻譯莎士比亞全集的人，未必能翻譯一本普通的經濟學著作，能翻譯紅樓夢的人，也未必能翻譯一本普通的物理學教科書。可是因爲你做過翻譯，有些人便以爲總之是翻譯，你便應該會做，於是不管什麼，都會拿來請你翻譯，叫你啼笑皆非。

應用翻譯只要翻譯的技術，文學翻譯則已超乎技術，講究翻譯的藝術了。技術可以訓練，藝術則要講才分了。

翻譯既然吃力不討好，對於別人認眞的譯作，我就不忍苛責。同樣，現在看林譯小說，固然是千瘡百孔，我却願意從歷史的角度給與公允的評價。有人却只會玩弄「翻而不譯」，「譯而不翻」的把戲，冷酷無情地加以嘲笑。他自己的「翻譯」呢？却經不起一組學生的檢查。半世紀的進步不能抹煞，我們現在譯不過林紓，那才是笑話呢！

一九七七、二、十一

一段失落的愛情

聖誕夜，夜幕還未低垂，離鄉深造的賴恩哈，正和幾位同學在喝酒，聽吉卜賽女郎唱歌，有人來說，聖誕老人拜訪過他。賴恩哈放下酒杯，丟下吉卜賽女郎，穿過暮色昏黃的街道，匆匆趕回寓所。打開包裹一看，首先滾出來的是些熟悉的薑汁餅兒，有幾個餅兒上，還用糖澆了他的名字的第一個字母。另一個小包，裝着精工刺繡的襯衣、手帕和袖口。此外還有母親和依利沙白寫給他的信。

依利沙白小他五歲，是他青梅竹馬的遊伴，他們常常一起度過空閒的時間：冬天在他們母親的小屋子裏，夏天在樹林和田野裏。他又時常給她說故事，而且把她愛聽的故事寫下來送給她，她便小心收藏在抽屜裏，每逢他過來的時候，便拿出來高聲唸給母親聽，使他非常高興。他還爲她寫詩，一首一首精心寫在一本羊皮紙的小本子裏：這是他瞞住依利沙白的唯一的秘密，雖然她正是那喚起靈感的人。

爲了接受高深教育，賴恩哈必須離開故鄉。動身的前一天，有人提議舉行一次林中野餐，共度一個歡樂的日子。因爲忘記帶牛油，年輕人配成一對對的去找尋草莓。賴恩哈領着依利沙白，走進潮濕的幽谷，走過稠密的樹叢；他在前面開路，回頭看見她秀美的小頭在鳳尾草間幌動；他從她熱騰騰的臉上將潤濕的頭髮掠開，爲她繫上草帽：他抱她涉過小溪，找了塊空地休息；他看着她在垂枝下側耳諦聽，嗡嗡的青蠅四處亂飛。正午的鐘聲把他們帶回營地，草莓找不到，他却找到一首詩的靈感。

這是過去的歡樂時光。而今，依利沙白在信裏告訴他，今年冬天因爲他不在，過得很寂寞，他送給她作禮物的梅花雀最近也死了，屋子顯得更加冷清，只有他的老朋友伊利克間中來看看她們，節前並且用炭筆給她畫像；末了，她埋怨他不守諾言，什麼故事也沒有寄給她。讀完依利沙白和母親給他的信，思家之情不禁潮湧而來。

復活節假期一到，賴恩哈便回家去了。依利沙白已長成一位美麗苗條的女郎。他在問候時握着她的手。她卻想把手輕輕縮回，這是以前未試過的。兩人單獨相處時，談話總會間斷，這使他感到難過。他教她植物學，帶她出去採集標本，回來加以整理。有一次在她家裏，他看見以前懸掛他的梅花雀的地方，她正在料理一隻金絲雀。他母親告訴他，這是他的朋友伊利克給依利沙白送來的；又說，依利克已繼承了父親在茵夢湖邊的田莊；末了，還盛讚伊利克是個很可愛、很懂事的少年。他呆住了，依利沙白回頭看見他眼睛流露一種從所未見的煩惱的表情。

整理植物標本的時候，賴恩哈從衣袋裏掏一枝鈴蘭給依利沙白，偶然讓她看見了他那白色羊皮紙小册。依利沙白以爲他又在寫故事了，他便揭開多年的秘密，把小册子拿給她看。她一頁一頁地翻閱，似乎是只看看題目。賴恩哈在旁邊注視着，看見她泛出一片羞紅，逐漸散佈在整個面龐上。翻完了，把册子在放在他面前，一句話也沒有說。

假期的最後一天，依利沙白送他去驛車站。兩人併肩走着，在臨別的談話裏，她透露她母親覺得賴恩哈不像從前那麼好。

差不多兩年過去，賴恩哈沒有寫信給依利沙白，也沒有收過她的來信。有一天他母親寫信告訴他，依利沙白終於接受了伊利克的第三次求婚，她母親打算跟他們一道走！

又是幾年過去了，賴恩哈得到伊利克的邀請，作客茵夢湖田莊。他和她相見時，只說得半句便接不下去了，因爲一聽到她的聲音，心頭便感覺到一陣劇烈的痛楚，而站在眼前的，依然是當年在故鄉話別時那苗條優雅的體態。

賴恩哈住在茵夢湖，幾天後的傍晚，大家照常聚在花廳裏，因爲近年從事搜集民歌的賴恩哈當天收到朋友從鄉間寄來的一卷民歌，大家便請他讀幾首聽聽。讀到「阿娘有嚴命，命我另嫁別家郎」的一首，賴恩哈感到依利沙白幫手牽着一邊的紙上有輕微的顫動。讀完了，她便輕輕把椅子推開，悄悄地走到花園裏去了。

有一天，伊利克和依利沙白的母親出門辦事去，囑咐依利沙白帶賴恩哈去看風景。聽見樹林深處的鵑啼，他忽然覺得這一切都是從前有過的情景。他不禁提起尋草莓的往事，提起植物標本，提起他的詩册，她只是滿眼淚水。渡湖的時候，賴恩哈一邊搖槳，一邊注視她，她的眼光却越過他眺望遠方；他垂下眼來看她扶着船舷的手，這蒼白的手透露了她嘴裏不曾吐露的感情，她覺察了，便將手輕輕滑進水裏去。

他折騰了一夜，曙光初露，便留下字條離去。這時，她走下樓來，一手按在他臂上，幽幽的說：「你不會再來了，我知道，不要否認，你永遠不會再來了。」他沒有否認，走到門口，又轉過身來，向她伸開兩臂，又猛然轉身了。

這是德國著名的中篇小說「茵夢湖」的故事，在紅日西沉以至月兒冉冉升起的時節讀來，頗覺韻味無窮。小說的開始，是老人散步回家，就着窗外射進來的月光，注視牆上掛的依利沙白的畫像，投入童年的回憶裏。小說的結束，是老人從回憶中醒過來，又埋頭研究消磨了他的青春的學問。

「茵夢湖」的結構是簡樸的，沒有甚麼曲折離奇之處。全書共分十章，除了首尾兩章外，其他八章是從童年開始順序講下去的。

「茵夢湖」的文筆是清麗的，風格是清新的，簡直是一首長篇散文詩。

「茵夢湖」瀰漫着一種淡淡的感傷情調，特別是從第四章開始，感傷的情調愈來愈濃郁，臨到末尾，發展成爲一種壓抑的哀傷。

賴恩哈對依利沙白的感情是純眞的，沒有功利的成份，也沒有肉慾的成份，只是一種自小相處相得的感情。他的老朋友伊利克娶了他的戀人，後來又邀請他作客茵夢湖，邀請的固是坦然，被邀的也是坦然，沒有機心，也沒有仇恨。在茵夢湖上，在湖邊的林中，他與舊戀人單獨相處，也是不懷機心，毫無肉慾，沒有怨恨，有的只是壓抑的哀傷，對過去的懷戀。他畢竟體會到過去的快樂已然一去不返，那一段愛情早已失落，於是毅然離開茵夢湖，從此不再回來。但他對依利利沙白的感情至老不變，因此終身不娶，懷着無窮的遺憾，無邊的悵惘，過着孤獨寂寞的生活。過去的戀人雖已失去，但那一段戀情並未失落，因爲永遠存在他的回憶中，存在他的心靈裏；每天散步回來，他便在幽黯的斗室中，回味着過去的甜蜜。

在「茵夢湖」裏，作者史篤姆喜歡運用暗示和象徵。第二章，作者便描寫依利沙白太軟弱，離不開媽媽；第三章說，他覺得她太文靜，她覺得他太急躁；這可說是最早的啓示。他握着她的手，她竟想縮回；他們的談話，竟時時中斷；這是隔膜的開始。伊利克爲她畫像，金絲雀取代梅花雀，以及她媽媽的表現，足以暗示讀者，賴恩哈將失去她。她對民歌「阿娘有嚴命」的反應，則是她的婚事受了母親左右的一種暗示式的說明。在朦朧夜色中拜訪湖中的睡蓮，是書中一個重要的象徵。賴恩哈脫了衣服，想游近睡蓮，但水草絞着他的肢體，又聽見一條魚跳動的聲音，不禁悚然，於是全力掙斷水草，回到岸上。而睡蓮仍浮在黑沉沉的湖心上，依然是那麼遠，那麼孤寂。

讀「茵夢湖」，彷彿沿着清溪而行，淙淙的溪水，如畫的風景，使你留連忘返。

讀「茵夢湖」，彷彿遠遠聽一首哀怨的牧歌，歌聲乘風而來，隨風而逝，只留下一絲淡淡的哀愁。

讀「茵夢湖」，彷彿獨個兒步月而行，皎潔的月色，使你心境明淨，却又會勾起對往事的懷想。

讀「茵夢湖」，彷彿咀嚼一枚橄欖，覺着微微的苦澀，却有回甘的滋味。

一九七五、七、廿四

「茵夢湖」的中譯

德國著名的中篇小說「茵夢湖」，似乎很受到中國讀者的歡迎，這從近數十年來「茵夢湖」譯本的不斷出現，可見一斑。清新的風格，優美的描寫，純眞的感情，大抵是「茵夢湖」受到廣大讀者歡迎的原因。

史篤姆（THEODOR W. STORM 1817—1888）的「茵夢湖」出版於一八五二年，五十年間已再版五十多次。至於介紹到中國來，大抵是「五四」以後的事。一共出過多少個中譯本呢？我不大淸楚。我只讀過四個，現按次序列在下面。

一、茵夢湖，張友松譯，上海北新書局，一九三六。

二、蜂湖，巴金譯，香港南華書店，一九六六。

三、茵夢湖，張丕介譯，香港人生出版社，一九五五。

四、茵夢湖，李牧華譯，臺北市文化圖書公司，一九六八。

上面列出的巴金譯本是重印本，譯者「後記」所署的年月，是一九四三年九月，因此列於張丕介譯本之前。張友松譯本和李牧華譯本都是英漢對照本，譯文也是從英譯本重譯過來的，二人所根據的是同一英譯。巴金譯本和張丕介譯本則是直接譯自德文原著的。至於書名，只有巴金意譯爲「蜂湖」，其他都是半音譯半意譯，譯作「茵夢湖」。

張友松在「譯者序」（寫於一九三〇年）裏說，在他之前有過三種譯本，並且特別提到一種朱譯本，又在書裏附錄了幾首郭譯詩。巴金在「後記」裏也提到郭沫若的「茵夢湖」，大抵就是前者所說的郭譯。

單以我讀過的四種中譯本來說，李牧華的出書最晚，應該是最好的，可是令筆者十分失望。隨便在開端舉幾個例子看看吧。「在他烏黑的眼睛裏，似乎聚集着他早已失去的全部青春；這和他的雪白頭髮變成了奇異地對照。」「聚集」不及張友松的「蘊藏」，「形成了奇異地對照」不及張丕介的「顯出一種奇異的對照」。「他顯然是一個外地人」是誤譯，張丕介譯作「他好像一個異鄉人」。「並非出於本意地」顯得拙劣，放着「不由得」、「不由自主」不會用。在「第二次門鈴響起的時候」。是譯者揑造，其實是「一聽到門鈴響」。「我們有一個假期，一個假期呀！」不成話，其他人譯作「我們放假了，放假了！」

張友松說：「拿英譯的茵夢湖和朱偰君從德文原本譯出的中文本對照起來，只見朱君疏忽了許多微妙的地方。」他的譯本比較令筆者滿意，原因之一便是保留了這些微妙的地方。巴金譯筆比較流暢，但也疏忽了許多微妙的地方。

一九七五、七、三十

從「紅與綠」說起

最近讀到宋淇先生評紅樓夢新英譯的一篇文章：「紅與綠——一個基本問題」，引起了一些感想。

宋先生所評的「紅樓夢新英譯」，是曾經譯過楚辭的英國霍克斯教授的譯作，自從亞瑟・韋理逝世以後，霍克斯可說是英國漢學研究中第一流人物，以英國人從事翻譯紅樓夢的工作，實在不作他人想。

賈寶玉所居的「怡紅院」，霍克斯譯作 THE HOUSE OF GREEN DELIGHTS，「怡紅」變成「快綠」。他所持的理由是：「紅色在英文中除了使人想起年青人的緋紅面頰和鮮紅嘴唇之外，不會使英文讀者聯想到春天，青春，吉祥，富貴，倒不如英文中的金色與綠色。」（借用宋先生文字）他也承認這樣遷就英文讀者，對原作便有所犧牲。作為一個中國讀者，我同意宋先生的看法：這種犧牲實在太大了。相信其他紅樓夢的中國讀者，也會有同感吧。

但是，「怡紅院」譯成「快綠院」，不同於一般因為疏忽或學力不足而產生的誤譯，因為霍克斯是很有資格翻譯紅樓夢的人，而且他是經過深思熟慮，對「紅」、「綠」二字經過一番衡量之後才這樣決定的。這便是筆者對此問題所以發生興趣的原因了。

記得十年前也曾和一位比利時籍青年學者談過翻譯問題，其中有兩個例子現在還依稀記得，不妨提出來談談。其一是，詞曲裏的「梧桐」一詞英文該怎麼譯法？其二是，作為比喻，「西施」一名好不好改譯為英文的「海倫」？

梧桐很有中國色彩，也是鳳凰唯一看得上眼的樹木，中國讀者在詞曲裏碰到「梧桐樹」、「梧桐雨」一類字眼，會覺得平添幾分詩意，產生某種感情。這在英文裏怎麼翻譯呢？採用一二寸長的拉丁學名，必然會詩意全無，不要說表達什麼感情了。無可奈何之下，只有把「梧桐」音譯，再借助於附註吧了，難道把它譯做「橄欖」嗎？

西施和海倫都是古代的美人，如果原文僅限於借盡人皆知的美人名字比喻某人的美貌，此外再無其他含義，那麼英譯時借「海倫」譯「西施」，似乎也無不可，但是，對於讀者來說，「海倫」與「西施」會引起不同的聯想，……因為兩人的出身經歷以至思想感情都不相同。然則借「海倫」譯「西施」，到底是否妥當？

由於中西文字大異其趣，文化背景也大不相同，從事翻譯工作必然是困難重重的，偶不小心，就要鬧出笑話。因此，除了「學力」和「經驗」之外，「勇氣」和「謹慎」也是翻譯工作者所必須具備的。

一九七五、五、廿九

林譯的中國化

前日談霍克斯譯「紅樓夢」對「紅」與「綠」兩字的抉擇，從而想到林琴南譯文中國化的問題。

中國有意譯介西洋小說，是在中日甲午戰爭以後才開始的，林琴南便是「甲午」（一八九四）以後，「五·四」（一九一九）之前這第一階段譯介西洋小說的代表人物，因爲他譯書最多，讀者最夥，影響最大。他完全不懂任何一種外國語文，他的翻譯都是和通外文的友人合作的。由於偶然的機會，他和歸自巴黎的友人王壽昌合譯法國小說「茶花女遺事」，竟然一紙風行，以至同時譯家嚴幾道有「可憐一卷茶花女，斷盡支那蕩子腸」的詩句。他的好友高夢旦剛好主幹商務印書館編譯事，眼見他譯「茶花女遺事」的成功，遂約他專譯歐美小說。這樣一本一本的譯下去，竟然譯了一百七十種，世稱「林譯小說」。

林琴南的翻譯，並不理會原文的分段，只是一氣到底的譯下去，有時連章節也不分，「茶花女遺事」便是一例。這種譯文對於讀慣中國古書的當時的知識分子來說，自然是熟稔的，於是產生親切感。其次，林譯並不遷就原文的語法，而中土所無的歐西名物，也可避則避，故此譯文平易，無詰屈聱牙之感。舉例來說，「茶花女遺事」描寫馬克（林譯女主角名）在彈鋼琴，林譯作「馬克撫琴」。「彈鋼琴」是當時讀者所不熟悉的玩意，「撫琴」却是大家熟悉的，而且從「撫琴」兩字，很容易聯想到平日習見的本土的「琴」，更何況倡女撫琴是順理成章的事。又如「吟燕邊語」（卽「莎氏樂府本事」）「孿誤」篇，借用佛教的「尼庵」來譯基督教的「修道院」，因爲前者是當時讀者所熟悉的，後者却是陌生的，我們不能說他不曉得兩者的分別：他有一條夾註說：「外國不名尼庵，今借用之。」又同書「獄配」篇寫一個平民女子對喬裝僧侶，助她伸寃的公爵說：「蓬門弱息，竟昧潛龍，未講君民之禮，幸君主赦之。」林琴南這句譯文，語氣完全是中國化的。這種中國化的譯法，是林譯小說的特色之一，也是林譯小說在當時成功的原因之一。反之，同是用古文翻譯的周氏兄弟，却依舊保留了原文的章節格式，也沒有這種中國化的經營，因此失敗了，得不到讀者的歡迎。

話得說回來，林琴南是第一期的譯家，當時讀者對西洋文學和西方事物一無所知，譯文中國化是吸引讀者所必需的。而今，讀者對西方的認識已大爲增進，林譯的方式（尤其是兩人合作、口述筆譯的方式）已受淘汰。讀者仍未認識的西方事物，可以繼續學習；而譯者却不能在譯文中詳細解說，也不能隨便以「綠」譯「紅」。本國讀者所不了解的外國事物，譯者只有利用附註來解說。

一九七五、五、卅一

林譯「茶花女遺事」

月初與朋友在集古齋看畫，見到一張林琴南的畫。我自己也藏有一幅林琴南的畫，是十多年前買的，當時我正在研究林譯小說，一位老師看到集古齋展出兩幅林琴南的畫，建議我購下一幅，作爲紀念。我看價錢不貴，也就購下來了，其實我並不欣賞林琴南的畫。

我研究林譯小說期間，有位學長研究林琴南的桐城派古文，與我談論起來，我支吾以對。假如他是同學，我會勸他另選題目，因爲我認爲林琴南的古文並不値得重視。

我覺得林琴南能在中國文學史上佔一席位，全靠翻譯小說。假如把翻譯小說抽起，我們講文學史時，就不必談到他了。

林譯小說之所以値得研究，並非從翻譯的角度看，而是從翻譯史或文學史的角度看。經過大半個世紀的努力，我們的翻譯界已經進步了很多。現在來看林譯小說，當然是大大的落伍了。若與原文逐句對照着看，則林譯小說更經不起這樣的檢查，因爲林琴南本人不懂外文，所譯書都是與他人合作，口述筆譯的。林譯小說之所以値得研究，是因爲它在淸末民初的學界，發生過巨大影響。

「茶花女遺事」（或作「巴黎茶花女遺事」，原書名則作「茶花女」）是林譯小說的第一部，也是林琴南翻譯事業的開始。此書法國小仲馬原著，王壽昌（子仁）口譯，林琴南（名紓，號畏廬）筆述。光緒二十五年（公元一八九九年）譯成出版，署名「曉齋主人冷紅生譯」。這是林譯小說中最受歡迎的一本。王壽昌是法國留學生，他是直接根據法文原本的「茶花女」小說加以口譯的。

據阿英（錢杏邨）所編「晚淸戲曲小說目」，「茶花女遺事」最早的刊本有三：一爲光緒己亥（一八九九）素隱書屋刊本，一爲光緒辛丑（一九〇一）玉情瑤怨館刊本，一爲光緒癸卯（一九〇三）文明書局刊本。此書後來轉由商務印書館印行，成爲最通行的版本，數年前臺灣商務印書館還繼續重印呢。

「茶花女」小說在五四以後出現了好幾種的白話新譯本，有從法文原本直接翻譯的，也有從英文譯本重譯的。筆者所見的，以直接譯自法文的夏康農的譯本較好。我所見過的譯本之中，最古怪的要算是某書局的譯本，譯者沒有署名。我第一次看這譯本，就覺得文字上（並非內容）有似曾相識之感，後來才恍而悟，拿來與林譯對照一下，原來是按照林南琴的文言譯本一句句翻爲白話的。

一九七六、九、廿六

法國小說「茶花女」

「茶花女」原名 La Dame aux Camelias 是法國文豪小仲馬所作，最先寫成小說，出版於一八四八年，面世時讀者不多，第二年改寫成劇本，後來在巴黎演出，竟大獲成功，「茶花女」小說也跟著風行一時。

許多人不知道「茶花女」有小說與戲劇之別，連狄波德（ALBERT THIBAUDET）的法國文學史」也誤把「茶花女」小說和「茶花女」戲劇混而爲一呢。

「茶花女」小說是寫巴黎交際花馬克和青年亞猛（借用林琴南譯名）的戀愛悲劇。他們的相愛，在亞猛是一見鍾情，在馬克是感於至誠。馬克最愛茶花，每逢上劇場都手撚茶花一束，是以有「茶花女」之稱。她長得艷麗明敏，是巴黎貴游子弟的追逐對象。同時，有一位公爵，因見馬克相貌酷肖其亡女，願以父親的感情相待。馬克的奢侈生活，便靠這些人供給。但是，她仍然欠了一大筆債。她渴望眞摯的情愛和安靜的生活，却被迫棲身在鬧嚷嚷充滿肉慾的環境中。空虛，煩惱，厭倦，使這肺病纏身的茶花女漸漸趨向縱恣的生活。直到認識亞猛以後，才雙雙搬到鄉下去，屏跡幽居，過着美滿的生活。但故事的發展是趨向悲劇的：馬克的欠債，非亞猛所能淸償；亞猛的父親，也不能容許愛子與娼女同居，毀損家族的聲譽。馬克終於聽從亞猛父親的話，忍着辛酸，黯然離開亞猛；分手不久就病死了。亞猛聞訊，趕回巴黎，却已不及。

其實，茶花女是本有其人的。她名叫瑪麗·都普勒西（MARIE DUPLESSIS），是巴黎交際花，與小仲馬相好，很年輕就病死了。「茶花女」的情節，也大部份是眞人眞事，小仲馬不過略加渲染吧了。

「茶花女」小說的出世，距離都普勒西姑娘的死，不過一年。小仲馬把自己的感情灌注入小說裏面，寫得特別哀怨纏綿，但人物的描寫未够深刻。馬克和亞猛，在他筆下只寫成概念化的人物，沒有突出的性格。同時，作者常滔滔不絕的向讀者說教，使故事的進行陷於停頓，令讀者興致索然。連他父親大仲馬也批評他在作品裏說理太多。其他對於題材、情節等的處理，也並不高明。像馬克死後亞猛要遷墳開棺認屍，屍已微腐，這段描寫，陷入恐怖小說的窠臼，破壞了作者所極力描摹馬克的整個氣氛。

「茶花女」小說雖是暢銷書，但藝術價值不大，在法國文學史上地位不高。法該(Emile Faguet)、朗松（G. Lanson）、狄波德等文學史家都沒有討論到「茶花女」小說，三人中只有狄波德談到「茶花女」戲劇。

一九七六、九、廿七

「茶花女遺事」的譯述方法

林琴南翻譯「茶花女遺事」是很偶然的。他的同鄉王壽昌從巴黎回來，談起法國的小說，極讚小仲馬的「茶花女」，林氏於是請他口譯，自己用古文記錄下來。這「口譯筆述」的方法，並非新創，早期的佛經翻譯，及明清問耶穌會士的部份譯著，都曾採用過這個方法。魏易（冲叔）在「黑奴籲天錄」序裏，談及和林琴南合譯該書的情形說：「日就先生討論，易口述，先生筆譯。」可見他們在譯述之先，是經過一番討論的。「茶花女遺事」的譯述，想來亦當如是。林琴南不懂西文，因此只能意譯。他雖然未像嚴幾道一樣，提出了「信」、「達」、「雅」之類的翻譯原則，但是把「茶花女遺事」和原文對照之後，我們可以歸納出林氏的譯述方法，由於本欄不便多引原文，因此退而求其次，需要多引原文的地方，便以夏康農從原文直譯的白話譯文代替原文。

（一）譯文中國化多年來筆者聽過不少人訴說怕讀譯本。一般人覺得讀譯本費力的原因，一方面是譯本中有許多歐化語法，及因遷就原意而造成的生硬文句，一方面是書中有許多讀者感到陌生的專有名稱，物品名目，風俗習慣等等，對讀者失去親切感。清末民初的讀者，對西方認識尚淺，尤其不喜歡這些東西。讀「茶花女」遺事則不同，許多時會忘記是在讀譯本。林琴南的譯文，沒有歐化語法的毛病，也很少因遷就原意而造成生硬的文句。同時，當時讀者所未能接受，而對小說的發展又無必要的西方事物，他便輕輕避過。例如原書第三章的末尾，提到雨果、繆塞、大仲馬的作品，接着是一大堆的基督教道理，當時讀者對前者未有認識，對後者也不會感到興趣，林琴南必毫不遲疑地刪去。（連直譯的夏康農也忍不住刪去了三大段。」又亞猛初訪馬克（即茶花女）時，馬克在彈鋼琴。「彈鋼琴」也是當時讀者所不熟悉的玩意，林氏譯作「撫琴」，讀者看到「撫琴」兩字，感到非常熟悉，非常親切。娼女撫琴更是自然不過的事，而「彈鋼琴」這觀念，就變成中國化了。

諸如此類的經營，在今日的翻譯工作者來說，是不必要的，因為今日的讀者，對西方事物的認識，已經大有進步。而且，站在翻譯的立場來說，也不能這樣隨意刪改。但林琴南是譯介西洋文學的第一人，在他所處的時代，卻有這個需要。

今日的翻譯工作者，固然不必刻意經營中國化的譯文，但一二寸長的人名音譯和過份歐化的語句，還是會嚇怕讀者的。試問讀者都給嚇跑了，還能達到「譯介」的目的麼？

（二）冗文的刪削　小仲馬大抵因為是私生子，飽嘗過人家的嘲笑和白眼，所以常常禁不住要替馬克（即茶花女）這種女子辯護，議論滔滔，不自覺地破壞了故事的氣氛。碰上這些地方，林琴南都大刀濶斧地刪去，反而增加情節的緊湊。此外閒文的刪削，更是隨處都有，但以不影響故事情節爲原則。例如描寫馬克愛茶花一段，夏康農的譯文是：

一個月裏頭有二十五天他拿的茶花是白的，還有五天是紅的，從來誰也不知道這顏色的變換有什麼理由，常到她愛去的戲院裏看戲的人們同她的朋友，大家都同我一樣注意到這件事，我此刻不過提起提起，並不能有什麼解釋。

林琴南把「理由」之下幾句都刪去了，他的譯文是：

一月之中，拈白者廿五日，紅者五日，不知其何所取。」我們現在從事翻譯，講究忠實於原文，像這樣隨便刪去一兩句，儘管是毫無作用的句子，也是不行的。但我們把甲乙兩種文字作一番比較，往往會發現在甲文字裏不可缺少的語素，在乙文字裏是不必要的，甚至是根本沒有的，翻譯時遇到這種情形，就要把不必要的刪去。所以，適當的刪削，在翻譯技巧裏是不可缺少的。

（三）精簡的撮譯　「茶花女」作者用了幾段文字描寫馬克的形體相貌，終不能成功地使讀者得到深刻的印象。這裏的描寫，夏康農譯成白話文，費了四百多字（文長不錄），林琴南則選取重要的地方，撮要譯成六十字：

馬克長身玉立，御長裙，僊僊然描劃不能肖。雖欲故狀其醜，亦莫知爲辭。修眉媚眼，臉猶朝霞，髮黑如漆覆額，而仰盤於頂上，結爲巨髻。耳上飾二鑽，光明射目。

原文的描寫既然失敗，林琴南扼要地加以撮譯，使讀者不覺枯燥；而且林氏的用筆，近似中國古典小說人物描寫的傳統，讀者更覺得容易接受。

我們現在從事翻譯，不能隨便運用撮譯，除非是譯介以內容爲重的非文學作品，才可以偶一爲之。

（四）行文的增飾　有時林琴南爲了行文的方便而增加字句。例如亞猛聽了馬克暗示欲以夜度資清償債項，同他去鄉間消夏的話之後，心裏有這樣的感覺：

一聽到「利益」兩個字我禁不住臉紅起來；我想起了曼農・勒斯戈同格利歐兩個人享用B先生的金錢的故事。（夏康農譯）

余聞言怒形於色。因憶漫郎與德習愷爾詐他人腰纏，爲男女行樂之地，醜行貽在人口，余豈屑之。（林譯）

「醜行」以下兩句是林琴南添上去的，爲原文所沒有。添上這兩句之後，意思比較顯露，文意也比較完整。

我們現在翻譯也有時需要增飾，但像林譯那樣增一兩個句子的情況則絕無僅有。

（五）對話的翻譯，爲適應行文的緣故，遇到一連串的對話，林譯有時和原文稍有出入。例如作者自述去探望亞猛時的對話，夏康農的譯文是：

「你在發燒呀，」我向他說。

「沒有甚麼事，無非是匆忙旅行後的一點疲勞吧了。」

「你是從瑪格麗特的姊姊家裏來的？」

「是的呀，誰告訴你的？」

「我知道的，你要求的事已經得到了麼？」

「也對呀；但是誰向你報告了我的旅行同旅行的目的？」

「墳場裏的園丁。」

林琴南的譯文是：

余驚問先生病乎？曰：小病爾。余問先生適自馬克姊家來乎？亞猛蹶起曰：君何由知之？余更問馬克姊聽君發穴乎？亞猛更驚，窮詰自來，余始以園丁言告之。

原文因爲分段，一問一答，十分清楚。林譯用古文，不分段，故此用「問」、「曰」等字以示區別。又爲了行文的變化，末兩句對話，譯成間接敍述。

(六)特殊事物的音譯專有名詞像人名地名等需用音譯，不在話下。有時碰上比較特殊的詞語，林琴南也用音譯。例如法國酒 Champagne，他音譯爲「香檳」；dévouement 原指對朋友的熱誠，夏譯作「忠心」，林譯作「德武忙」。這種音譯的方法，在民國初年相當流行，像「賽因斯」、「德謨克拉西」等便是。

(七)揷注的運用，譯文中間有讀者可能不易了解的地方，林琴南使用揷注說明。例如寫馬克按奏鋼琴按到連續的八部短音 RÉ, MI,RÉ, DO,RÉ, FA, MI,RÉ 時，林氏音譯爲「海咪海朶海發咪海」，並在下面加插兩行小注：「郎華音之工尺上四合聲也。」又在「香檳」下注上「酒名」二字；在「言次，舉皓腕，余郎而親之。」底下插注「此西俗男女相見之禮也」等字。我們現在翻譯，也有時不得不用注，因爲有些東西是非經注解不能明白的。

以上從「茶花女遺事」中歸納出來的幾點，是林琴南翻譯時所採用的方法，有些直到現在仍爲我們所採用，有些則在原則上值得我們參考。

一九七六、十、三

林譯「茶花女遺事」流行的原因

自從林譯「茶花女遺事」面世以後，立刻獲得廣大讀者的歡近，同時引起譯者的興趣，陸續譯述外國小說，二十年間，譯出一百多種。淸末民初的知識份子，幾乎都讀過林譯小說；而林譯小說的讀者，則幾乎沒有不談「茶花女遺事」的。因此，嚴幾道有「可憐一卷茶花女，斷盡支那蕩子腸」的詩句。

然則，「茶花女遺事」爲什麼這樣流行呢？分析起來有下列幾個原因。

（一）和林琴南同時的邱煒萲評論「茶花女遺事」說：「以華文之典料，寫歐人之性情，曲曲以赴，煞費匠心，好語穿珠，哀感頑豔，讀者但見馬克之花魂，亞猛之淚漬，小仲馬之文心，冷紅生之筆意，一時都活，爲之欲歎觀止。」（客雲廬小說話卷三「揮麈拾遺」）「茶花女」故事纏綿悱惻，哀感動人，使讀者渾然忘我，全副心靈隨着故事發展的節奏波動，一喜一愕，一悲一歎，都繫在男女主角的身上。加以小仲馬寫「茶花女」小說時，是他的所愛都普勒西姑娘——小說中馬克（卽茶花女）的原身——病逝的次年，林琴南譯「茶花女遺事」時，也剛巧死了太太不久，這本小說，便交織着作者和譯者眞摯的感情，所以感人至深。有動人的故事，有纏綿的情節，已具有吸引讀者的條件。

(二)「茶花女」的題材，和中國固有的文學遺產及社會傳統發生關聯。馬克不過是給人輕視，認爲沒有眞正感情的「夜度娘」，却能犧牲一切，全心全意地愛亞猛，後因環境所迫，及亞猛父親干涉，終要離開所愛的人，奄奄地死去。類似的故事，在中國社會裏也常有發生；類似的題材，在中國古典小說戲曲中也並不缺乏。這種題材的相似，使「茶花女」在中國讀者看來不感陌生而容易接受。

(三)林琴南是一個有文學天才的人，雖然不懂西文，也能憑藉助譯的口述揣摩出原作的精神風貌，下筆譯述時竭力加以保留。更進一步，原作中有妨礙故事的進行，破壞情節的統一的地方，像開端幾章的長篇議論，都毫不顧惜地删去，使故事更覺緊湊，免得讀者感到沈悶，無形中把原作加以改良。他還能運用他的聰明、技巧，盡量減除中國讀者讀外國作品可能發生的困難，讀者因而不會畏避。

(四)「茶花女遺事」面世時，國人對西方文明已有相當認識，對於西方的風俗習慣、文學藝術等等，多少總有點好奇。其次，用古文做長篇小說，是一種新的嘗試，讀者也會覺得新奇。況且，林氏所用桐城古文不用典，不用注也看得懂，而且譯文用圈點斷句，能讀的人自然較多。

有這幾種原因，可見「茶花女遺事」的流行，並非偶然。

一九七六、十、九

林譯「茶花女遺事」的評價

談論翻譯，往往有直譯、意譯的說法。直譯、意譯，不過是相對待的兩個名詞，表示兩種不同的翻譯態度，前者以「信」爲第一要義，後者則更看重「達」。其實，最好的翻譯本無所謂直譯，也無所謂意譯；也就是說，最好的翻譯是直譯，也是意譯，是兩者互相調和、互相補足的一種藝術。

林琴南的譯述，屬於意譯。林譯小說最受人攻擊的是不忠於原文，隨意增删，且時有誤譯的地方。隨意增删，是翻譯工作者不應有的態度，不足爲法。但他的增删，一方面是爲了適應所採用的文體，另一方面也是他文學天才的表現。英國已故漢學家亞瑟·威利也說過，林譯狄更斯的小說，有時比原作更好。至於他的誤譯，確是時有發現，但只能歸咎於合作者對原文誤解。林氏說：「鄙人不審西文，但能筆述，即有訛錯，均出不知。」（西利亞郡主別傳附記）又說：「凡諸譯著，均恃耳而屏目，則眞吾生之大不幸矣。」（撒克遜规後英雄略序）這是他最吃虧的地方，也是最遺憾的事。

林氏譯文有撮譯和增飾的譯法，正如同删削一樣，往往超逾限度，不忠於原文；又有時因爲利便行文，把直接對話譯成間接敍述，這些都是不足取法的。此外，林氏還運用了揷注和音譯。在「茶花女遺事」中，揷注的運用很少，而且不是解釋艱深的譯文或典故，而是解釋讀者不熟悉的外國風俗和事物。當今白話譯本間中出現的附註，也是這種作用。至於音譯，更是不可缺少。地名人名等專有名稱，在別國文學中不容易找到適切的譯名，也只好用音譯。但音譯不能濫用，像「賽因斯」、「德律風」、「生的悶太兒」(Sentimental) 等泛濫紙上，讀者便要大傷腦筋。在「茶花女遺事」中，特殊事物的音譯已經很少，濫用的音譯則更加少見。

林氏認爲：「天下文人之腦力，雖歐亞之隔，亦未有不同者。」(離恨天譯餘賸語) 因此他雖然不懂西文，仍能從助譯者的口述，把握着原作的精神風貌，情節的變化，場面的處理，人物的刻劃等等，在譯文中表現出來。現在引錄馬克頻死一節，以見林氏譯筆的一斑：

> 馬克彌留中向略覺雙淚漬頰上。頰已瘦損，附骨色如死灰。君苟見之，並不識爲向日意中人也。馬克既不能書，屬余書之，而目光恒注余筆端，時時微笑，想其心肝，並在君左右，時見門闢，輒張目視，以爲君入，審其非是，睫又旋合。汗發如沸瀋，觸之冰涼如水。兩頰已深紫如蘊血。

上面所引林氏譯文，雖非一字一句按照原文直譯，也算相當認眞，原作中馬克臨死時的悲劇場面，在譯文中表現出來毫無遜色。對於一個不懂外文的譯者來說，這是難得的成績了。

濤園居士說：「余友林畏廬徵君，治史記漢書廿五年，文長於敍悲，巧曲哀梗，人所莫言，言而莫盡者，徵君則皆言，而皆盡之矣。」（埃司蘭情俠傳敍）以這樣的古文修養，譯文雅達不難，難得的是能使讀者忘記是在讀譯文，這是近數十年來許多翻譯工作者望塵莫及的。譯書的目的在介紹，假使譯文太過歐化生硬，使讀者望而却避，那翻譯工作還有什麼意義？

因爲「茶花女遺事」爲廣大讀者所歡迎，林琴南受到了鼓勵，於是繼續譯述的工作，大量介紹了英、美、法、俄等國作品，使國人一方面有機會認識外國的風俗民情，一方面知道不單是中國才有文學，外國也有文學，而且對外國小說的精神風貌，有了初步的了解。其次，林譯小說的大量產生，引起了人們的仿效。林琴南說：「方今譯小說如雲而起，而自爲小說者特鮮。」（紅礁畫槳錄譯餘賸語）據阿英（錢杏邨）的統計，晚清小說翻譯者佔全數量的三分之二。這和林琴南的成就不無關係。正如阿英所說：「由於國人對翻譯小說的注意，在寫作上也受了很大的影響，從取材一直到描寫。（晚清小說史）同時，西洋文學的輸入，也是新文學運動產生的原因之一。這些近代中國文壇的重大變化，和林譯小說有重大關係，而林譯小說的大量出現，不能不歸功於「茶花女遺事」的成功。

現在，林譯小說是不大有人讀了，連當年最傳誦的「茶花女遺事」也不能例外。主要原因是，卽使不大用典的桐城古文，也是一般讀者所不容易看得懂的。其次，林氏不懂西文，誤譯的地方不少，而譯作中比較成功而有價值的幾種，也已經有了直接從原文翻譯過來的白話文譯本，雖然譯得不很好，却比較忠於原文，而且易讀一點。因此，林譯小說便不再銷行。但它們曾在中國文學史上起過一定的作用，這是不能否認的。這便是林譯小說的歷史價值，也是「茶花女遺事」的歷史價值。

胡適說：「他（林紓）究竟是一個有點文學天才的人，故他若有了好助手，他了解原書的文字趣味往往比現在許多粗能讀原文的人高的多。現在有許多人對於原書，既不能完全了解，他們運用白話文的能力又遠不如林紓運用古文的能力，他們也要批評林譯的書，那就未免太寃枉他了。」（五十年來中國之文學）林琴南的翻譯成績，是不能用「不懂原文」一句抹煞的。

一九七六、十、十一